進化とこころの科学で学ぶ 人間関係の心理学

▶監修◀
亀島信也
▶著◀
亀島信也・最上多美子・中込和幸・西元直美・高岸治人

福村出版

[JCOPY] 〈(社)出版者著作権管理機構 委託出版物〉
本書の無断複写は著作権法上での例外を除き禁じられています。複写される場合は、そのつど事前に、(社)出版者著作権管理機構(電話 03-3513-6969、FAX 03-3513-6979、e-mail: info@jcopy.or.jp) の許諾を得てください。

●●● はじめに ●●●

　この本は，ヒトとヒトとの関係について，「近年の研究」を大胆に取り入れ，科学的に，かつ，簡潔に理解する目的で構成されています。「こころの科学」や「心理学」をもう少し深く学習したいと考える人や，大学での教養的な書物を少し超えたものをお探しのあなたに適切なテキストです。また，この本のタイトルである『進化とこころの科学で学ぶ　人間関係の心理学』とあるように，この本のキーワードは「進化」「こころ」になります。

　「進化」とは，生き物が長い年月をかけて，多様で複雑な組織をもつように変化を続けること（『大辞林』）とされています。しかし，人間関係をとらえるこの本では，生き物の組織を理解することが目的ではないので，ヒトという生き物が，ほかのヒトとどのように行動して人間関係をもったり，あるいは，もつことが困難であるのかなどに焦点をあてます。そこでは，難解な生物学や遺伝学などの知識は不要です。人間関係を理解するうえで，われわれが「進化」させてきたものは，何でしょうか？　この本をとおして各自お考えくださるとよいと考えています。

　もう1つの「こころ」とは，さまざまなとらえ方がある概念とされています。「動物にはこころがあるのか？」「脳死での臓器提供は，こころのなくなった身体からか？」「凶悪犯罪者には，こころがないのか？」などなど，日常よく耳にすることばですが，心理学や哲学はもちろんのこと，生物学や医学などからも正確な一致がみられにくい概念かも知れません。しかし，この本の焦点である人間関係にまつわる行動は，ヒトとヒトとのあいだに展開される「コミュニケーションの行動」ですので，この場合，ヒトがとる行動の背後（ウラ）には，かならず「こころ」が存在すると考えられます。

　つまり，「こころ」というものは，行動（のウラにあって，人のもつ①「欲求・要求・期待」を，どのような②「認知・確信・考え」にもとづいて）をいかに成立させるかという，もっとも重要な仕組みだと考えます。たとえば，2階の自

分の勉強部屋でのどが渇いたあなたは，1階のキッチンに行き，冷蔵庫にあるジュースや蛇口からお水を飲みますよね．のどの渇きという生理学的「欲求」を満足させるために，1階のキッチンに行けばジュースや水が飲めると考えて，つまり「認知」して，階段を下りるという行動をしたのです．同様に，勉強部屋のドアを開ければ階段まで行くことができる，階段を下ればかならず1階に行くことができる，台所のシンクに行けば蛇口がある，蛇口をひねれば水が出る，水を飲めばのどの渇きが癒される，などなどと確信して行動しているのです．もちろん，以上のようなことは，一つひとつ頭（＝脳）のなかで考え思い浮かべて実行するのではなく，瞬時の脳内情報処理のプロセスを経て自動的（あるいは，無意識的）に行動されているのです．すなわち，この情報処理プロセスはパソコンでのデータ処理と酷似しており，研究者はヒトの脳をパソコンの「ハードウェア＝パソコン本体」，ヒトのこころを「ソフトウェア＝プログラム」と称しています．

　上のような比喩は，われわれヒトの発達のプロセスをとらえる際にも，役に立つ考えだと思われます．幼い子どもは発達にしたがって，いろいろなことができるおとなになりますよね．このことは，パソコンというハードウェアの側面では，メモリ（記憶）の量を増大させることにあたりますし，ある課題を効率よくできるように，CPUとよばれる中央演算処理装置のスピード（速度）を高めることにもつながるでしょう．この子どもからおとなへの移行は，ヒトでは，ハードウェアとしての「脳」が成熟することで可能になります．同様に，ソフトウェアの側面でも，パソコンを使ってインターネットを見たり，ワープロとして文書を作成するときには，それぞれに必要な個別プログラムを使います．ヒトも生活をしていくうえで，いろいろと対処する必要があるときには，その問題解決のためのソフトウェア，つまり「こころ」が必須になってきます．子どもたちは，発達にしたがって，おとなの生活で必要な問題解決のためのソフトウェアの数を増大させていくことになるのです．以上のように，ヒトの発達のプロセスは，個人の生物学的・遺伝的資質をもつ「脳」が，長い時間をかけて，他のヒトが存在する人間環境などのなかで「こころ」を作り上げていくことにほかなりません．

そこで，この本では，人間関係を考えるにあたって，「こころ」の基礎的なメカニズムはどのようなものであるのか，「脳」はそのメカニズムにどのような機能を与えているのか，「こころ」が家族や社会の人間関係でどのようにヒトの行動を規定しているのか，さらには，「こころ」の問題や障害はどのように取り組まれているのか，などについて以下に述べるような内容で展開されています。

また，すべての章末には，興味深いトピックが紹介してあるノートがあります。そこを読まれてから，読者ご自身が興味をもたれたところの章から，読んでくださることを期待します。したがって，この本の章立ての順序にしたがって読まれなくてもかまいませんが，すべての章に目を通してください。読者ご自身のペースで，すべてを読んでくださることで，少しずつ人間関係を理解していただければ，この本の目的は達成されたと考えます。

第1章「人間関係や人格心理の基礎」では，「人格」という，ヒトという個人が人間関係を展開する際の，基礎的な行動特性を検討します。この章では臨床心理学・人格心理学を専門とする者が，個人の行動特性を分類して紹介し，個人の健康や人格障害，その他の臨床的問題についての理解も深めてもらいます。

第2章「さまざまな人間行動の成り立ち」では，ヒトはいつ自分や他人を認識して，人間関係を展開するのか，また，なぜ行動するのかについて，教育心理学・発達心理学を専門とする者が，近年の研究結果を解説します。ヒトの初期の関係成立をふまえ，他者の視線や行動意図の認知などの社会的人間関係の成立の基礎を学習してもらいます。

第3章「人間関係の生涯発達」では，親と子という発達初期の人間関係に特化して理解をすすめます。教育心理学・発達心理学を専門とする者が，なぜ「愛着」の概念と親と子の人間関係が重要なのかを解説し，その根底にある世代間伝達というこころの仕組みを，読者に十分に考えてもらいます。

第4章「家族という人間関係」では，家族がなぜ成立し，ヒトの一生涯の発達のなかで，家族内外ではどのような人間関係が展開されるのかについて，発達心理学を専門とする者が解説をします。親子・恋人同士・夫婦などの関係

成立と展開について，ヒトの家族がもつ機能の理解をすすめてもらいます。

　第5章「人間関係の展開」では，社会的な場面で展開される，他人のこころを推測したり意図を理解する仕組みである「心の理論」を紹介します。社会心理学・神経心理学を専門とする者が，最新の研究から，われわれの大脳のなかで引き起こるメカニズムや社会行動の基礎について学習してもらいます。

　第6章「社会での人間関係」では，他者とかかわって社会集団で生活するわれわれは，多くの場合，互いに助け合っています。その際に大切なものは何でしょうか？　社会心理学・神経心理学を専門とする者が，ヒトの「もちつもたれつ」の社会で展開される（自己中心的ではなく）利他的な行動の成り立ちについて解説します。

　第7章「人間関係の障害と臨床」では，対人的コミュニケーションの疾患である統合失調症を取り上げ，精神医学を専門とする医師と臨床心理学を専門とする者が共同で，その社会認知機能障害のメカニズムや最新の治療方法について紹介します。

　以上のように，この本は，さまざまな領域の研究者が，それぞれの専門とする領域を超えて，ヒトの人間関係の深い理解をめざして取り組まれたものです。それぞれの研究者が，みのりのある新しい研究内容を紹介していますので，前述したように，いずれの章から読みはじめてもかまいません。

　こころや人間関係についてさらなる知識を得たいと思っていた方に，本書がお役に立てれば，望外の喜びです。

　2011年5月

亀島信也

もくじ

はじめに（3）

1章　人間関係や人格心理の基礎 …………………………………… 11

1節 ● 人格と性格の定義 ……………………………………………… 11
2節 ● 性格の分類 ……………………………………………………… 11
　1　類型論とは（11）
　2　特性論とは（12）
　3　特性論の次に（13）
3節 ● 性格の発達 ……………………………………………………… 15
　1　性格はどの程度安定しているのか（16）
　2　性格の規定要因（16）
　3　遺伝要因　対　環境要因（16）
　4　気質（17）
　5　性格発達の外的要因（18）
　6　養育スタイルに関連する他の関連（19）
4節 ● 自己と人格 ……………………………………………………… 20
　1　自己概念とは（20）
　2　心理社会的発達理論（20）
　3　自尊感情（Self-esteem）（21）
　4　自己効力感（Self-efficacy）（21）
5節 ● 性格と健康 ……………………………………………………… 22
　1　性格とコーピング・スタイル（22）
　2　コーピング反応の分類（22）
　3　Goodness of Fit 仮説（22）
　4　性格と健康に関する理論（23）
　5　タイプA性格（24）
6節 ● 人格障害 ………………………………………………………… 24
　1　人格障害の種類（24）

        2　クラスターA（24）
        3　クラスターB（26）
        4　クラスターC（27）

    7節 ● 人格障害と他の臨床問題 ……………………………………28
        1　人格障害と併存疾患（28）
        2　性格とアルコール依存症（28）
        3　性格と抑うつ（29）

    Note　遺伝と環境（33）

2章　さまざまな人間行動の成り立ち ……………………………36

    1節 ● 自己の認識 ……………………………………………………36
        1　自己とは（36）
        2　自己像認知（38）

    2節 ● 他者の理解 ……………………………………………………39
        1　自己と他者の認識（39）
        2　他者の視線の認知（41）
        3　共感と社会的行動（43）

    3節 ● 動機づけ ………………………………………………………45
        1　動機づけとは（45）
        2　認知論的アプローチ（45）
        3　情動論的アプローチ（49）
        4　欲求論的アプローチ（52）
        5　他者志向的動機（54）

    Note　ミラーニューロン（56）

3章　人間関係の生涯発達 ……………………………………………58

    1節 ● アタッチメント理論 …………………………………………58
        1　アタッチメントとは（58）
        2　アタッチメントの発達プロセス（61）
        3　アタッチメントの個人差（63）
        4　アタッチメントの個人差とその規定要因（68）

2節 ● アタッチメントと内的作業モデル ……………………………72
1　内的作業モデルとは（72）
2　内的作業モデルの機能（72）
3　アタッチメントの世代間伝達と内的作業モデル（72）

3節 ● アタッチメントと生涯発達 ……………………………………76
1　アタッチメントの連続性（76）
2　アタッチメントと適応（77）

Note　親子関係の成り立ち／世代間伝達と虐待（80）

4章　家族という人間関係 …………………………………………83

1節 ● 家族とは何か？ ………………………………………………83

2節 ● 家族のライフコースから人間関係を考える ……………86
1　家族システムの確立（86）
2　家族システムの調整（親子の人間関係）（91）
3　家族を離れて新しい人間関係へ──パートナー選び（96）
4　子育てが終結した家族の人間関係──新たな適応と老親介護（101）
5　家族というユニークなユニット（106）

Note　家族のなかの親と子の「こわぁーい」戦い（108）

5章　人間関係の展開 ………………………………………………112

1節 ● 他者理解 ………………………………………………………113
1　心の理論（113）
2　心の理論の神経基盤（115）
3　霊長類における心の理論（116）
4　自閉症と心の理論（117）
5　共感性の神経基盤（118）
6　共感性の欠如とサイコパス（121）

2節 ● 社会行動との関連 ……………………………………………121
1　資源分配行動と心の理論（121）
2　不公平提案の拒否と心の理論（124）

Note　幼児の心の理論の発達（128）

6章　社会での人間関係 …………………………………… 131

1節 ● 利他性 …………………………………………………… 131
1　利他性の不思議（131）
2　間接互恵性（133）
3　独裁者ゲームと評判（134）
4　内集団への利他性と評判（136）
5　利他性の神経基盤（138）

2節 ● 公正感 …………………………………………………… 139
1　衡平理論（139）
2　最後通告ゲーム（139）
3　不公平回避と互恵性（141）
4　公正感と感情（143）
5　公正感の適応的意義（143）

Note 協力行動の進化（147）

7章　人間関係の障害と臨床 ………………………………… 150

1節 ● 統合失調症の対人コミュニケーションの特徴 ……… 150
1　感情知覚（150）
2　社会状況推論と社会的知識（152）
3　原因帰属様式（152）
4　心の理論（154）
5　結論への飛躍（155）

2節 ● 社会認知の介入法 ……………………………………… 157
1　概略（158）
2　治療内容（159）
3　今後の展望（162）

Note こころの障害（精神的な病気）とシグナルを発するヒトを助ける人間関係（166）

人名索引（168）
事項索引（169）

1章
人間関係や人格心理の基礎

1節　人格と性格の定義

　人のパーソナリティとは，古代ギリシア語 persona「仮面」を語源としており，観察可能な行動特性や感情表出をさします。パーソナリティは幼少期に表出しはじめ，発達過程を通じて比較的安定しており，異なる状況や年齢でも一定の傾向がみられると考えられています。これに対して，関連して使用される人格ということばは，本来は「××さんは人格者だ」というように，人の道徳的・評価的な意味合いをもっています。

　心理学では，人格はギリシア語 karakter「掘り込む」を語源とする character を示し，心の固定的・基礎的な構造を示すととらえます。国内ではパーソナリティを性格と訳す立場，人格と訳す立場，逆に character を性格と訳す立場など異なる立場があります。

　本章では，人格と性格の両方をこれら心の特徴と包括的にとらえ，同義的な概念とみなす立場をとりますが，原則として人格障害に言及するときは「人格」，それ以外のコンテクストでは「性格」とします。

2節　性格の分類

　性格の分類法には大別して「類型論」と「特性論」があります。類型論では性格をタイプ別にとらえるのに対して，特性論では性格の傾向をとらえます。

1　類型論とは

　類型論では性格の全体図を総合的にとらえており，代表的な例としてシェル

ドン (Sheldon) の性格類型があげられます。類型論の長所としては，性格が明確に分類されること，全員がいずれかのタイプに分類される点があげられます。類型論の限界点としては性格を比較的少数の類型に分類するため，各類型に適合しない中間型が説明されないことや，性格の説明において環境の要因が取り入れられていない点があげられます。

　シェルドンは体型に注目して類型論を提案し，性格を内胚葉型・中胚葉型・外胚葉型に分類しました。内胚葉型の体型は肥満型であり，内臓緊張型気質で，社交的または温和な特徴があります。中胚葉型の体型は筋肉質であり，身体緊張型気質で，活動的です。外胚葉型はきゃしゃな体型であり，神経緊張型気質で，非社交的または過敏な特徴があります。他の代表的な類型論にはクレッチマーの体格—気質類型論，ユングのリビドーの方向と心的機能による類型論があります。

2　特性論とは

　特性論では性格を複数の特性または因子プロフィールを用いて傾向をとらえます。代表的な特性論としてオールポート (Allport, 1968) の性格特性に関する，次の8つの主張があげられます。

①性格特性は1つの数値や記号ではなく傾向によってとらえられる。
②性格特性は習慣というよりは一般化されている。
③性格特性は行動が環境と作用するときにみられる。
④実証的に観察される。
⑤ある性格特性はあくまでも比較的にのみ他の特性から独立しており，完全に独立しているわけではない。
⑥性格特性は道徳社会的価値とは異なる (i.e., 反社会的特性の存在)。
⑦個性記述的または普遍的な観点を要す。
⑧ある性格特性と一致しない行動や習慣は，その性格特性を否定するものではない。

　オールポートは，普遍的特性と個人特性があると主張しました。普遍的特性とは他者と共通して認められる特性であり，個人特性は特定の個人に認められる特性です。オールポートは個人特性がとくに重要であると唱えました。

オールポートはのちに、これらの概念を個人的傾性（personal disposition）という概念に置き換えました。個人的傾性には、表現型（phenotype）と遺伝型（genotype）があります。現在観察できる行動に焦点化されている場合、それは性格の表現型個人的傾性を示します。状況にかかわらず一貫した行動は、性格の遺伝型個人的傾性を示しており、より深いレベルで性格の中心的な面を示すと考えられています。

さらにオールポートは、人の中心的な性格特性を説明する基本的傾性（cardinal disposition）と中心的傾性（central disposition）を提唱しました。人の性格特性は1つか2つの基本的傾性で大きくとらえることが可能であり、さらに5つから10個の関連した中心的傾性で補足説明することが可能であるといいます（Allport, 1937）。

3　特性論の次に

1）状況論（Situationalism）

しかし、特性論には批判が出ました。性格特性は不安定であり、状況により人の行動は変化することから、特性論の存在自体が疑問視されたのです。そして、状況論が誕生します（Mischel, 1969）。状況論では、状況的な要因が行動の変化に与える影響を重要視しました。状況論に関連した代表的な研究がミルグラム（Milgram, 1975）の実験です。被験者は、実験者の指示に従い、他者が誤りをおかしたときに電気ショックを与えるボタンを押しました。実際は電気ショックは使われていなかったのですが、電気ショックの強度は誤りを重ねるたびに強くなっていく設定でした。この実験の結果、被験者は、実験者に指示されるという状況下では、他者に強い痛みを与えることをいとわないことが判明しました。ところが、これは特定の状況下での行動を示していると考えられ、状況論の根拠とみなされました。

しかし結局は、状況だけで性格を説明するには十分でないとして、作用論が提言されました。

2）作用論（Interactionism）

作用論では、状況と行動が作用（Endler, 1983）しているという考えを基

底にしています。たとえば,ストレスと不安とコーピングが相互作用することがあげられます。作用論はさらに,機械的作用モデルと相互作用モデルの2つの観点から議論されます。機械的作用モデルでは,主として状況がどのように行動に影響を与えるかに注目するのに対して,相互作用モデルでは状況が一方的に行動に影響するのではなく,人が状況に与える影響についても考慮します。特定の行動をとることにより状況が変わることを示唆しており,人と状況と行動の相互関連を示しています。

作用論に関連した代表的な現象として,特性不安と状況不安があげられます。状況不安のレベルは,特性不安と状況の双方の作用により決定されると考えられます。精神科やカウンセリングで用いられる状態・特性不安検査(STAI:State-Trait Anxiety Inventory)は,これらの概念を骨子としています。

3) 超特性 (Supertraits)

基本的傾性を大規模の対象者に対してとらえる場合,普遍的で,行動における多様性をとらえる主要な特性として,超特性という概念を用います。研究者により異なる数の超特性が提言されてきました。キャッテル(Cattell)の16個の超特性モデルは,数千個の性格特性を表すことばから因子分析を用いて導かれました。その後アイゼンク(Eysenck, 1970)の性格階層モデルでは,4段階の性格階層を提案しました。第1階層は性格特性,第2階層は習慣的行動,第3階層は特性,第4階層は超特性です。超特性には3次元があり,外向性・神経症傾向・自我統制をとらえます。この3次元はビッグ3ともよばれ,モーズレイ性格検査(MPI:Maudsley Personality Inventory)がこれら因子にもとづいた尺度です。

アイゼンクに引き続き超特性の研究は行われ,ノーマン(Norman)は5因子モデルで5つの超特性を提案しました。5因子は,外向性・協調性・良心性・情緒安定性・文化(文化的な洗練レベル)です。これら5因子モデルをさらに発展させ,ビッグ5と命名したのがゴールドバーグ(Goldberg)です。ビッグ5モデルにもとづく尺度として,NEO-PI-R(Costa & McCrae, 1992)があげられます。国内では,ビッグ5にもとづく尺度として日本版NEO-PI-Rなどがあげられ,神経症傾向・外向性・開放性・調和性・誠実性

の5次元を測定します。

　超特性モデルに関する議論は継続し，5因子を2つの超超特性により説明し，ビッグ2としてとらえる立場が誕生しました。2つの超超特性は，調和性・誠実性・感情の安定により構成されるアルファと，外向性と知性により構成されるベータがあります（DeYoung et al., 2002）。さらにビッグ2モデルに対して，ビッグ7モデルを提唱する立場では，ビッグ5の5因子に付加して，肯定的価値と否定的価値の2因子が提案されています（Almagor et al., 1995）。

4）ローカス・オブ・コントロール

　性格の一側面に着目し，1次元から性格をとらえた理論として，ロター（Rotter）によるローカス・オブ・コントロールがあげられます。ある出来事の原因がどこにあるのかを説明する原因帰属の傾向に着目し，人が出来事に対する統制の所在をどのようにとらえているのかを測定しました。自分の行動をコントロールする所在が，努力など個人の内部にあるとみなす場合は内的統制をもっていると考えられ，運・課題の困難さ・強力な他者の行為など外部にあるとみなす場合は外的統制をもっていると考えられます。ローカス・オブ・コントロールは抑うつ状態，保健行動などと関連していることが指摘されていますが，内的統制と外的統制それぞれの適応は，文化，性別や年齢によって異なると考えられます。たとえば欧米では適応的であるとみなされる内的統制の強さは，アジア圏ではかならずしも同様の意味をもたない可能性があります。

3節　性格の発達

　性格はどのように形成されるのでしょうか。性格は発達過程で変化するのでしょうか。性格の形成には，環境が影響を与えているのでしょうか，あるいは性格は生得的に決定されているのでしょうか。結論としては，性格の形成には環境要因と遺伝的要因の両方が寄与しているといえますが，性格の発達に関しては異なる立場があります。

1 性格はどの程度安定しているのか

性格はどの程度安定しているのでしょうか。可塑性（plasticity）仮説では，性格は柔軟で時間を経て変化し，20〜30歳までに徐々に固まると考えられています。一方，しっくい（plaster）仮説では，性格はいったん固まると変化することはないとみなされています。

可塑性（plasticity）仮説では，大半の変化は青年期初期までに生じるとされますが，30歳以降でも有意な性格の変化が認められます。45年間のハーバード大学での縦断研究ではビッグ5の観点から，社会場面での独占性や社会的バイタリティ（外向性），協調性や誠実性は年齢とともに増加し，神経症傾向は年齢とともに減少することが指摘されています（Soldz & Vaillant, 1999）。

2 性格の規定要因

性格の規定要因は発達過程において異なり，生涯にわたり複数の要因があると考えられています。性格の規定要因は大きく分けて生活環境や経験にもとづくものと，遺伝にもとづくものがあります。

バイラント（Vaillant）は性格の安定性について，性格＝気質＋性質だととらえることができることを提唱しました。気質（temperament）は遺伝的な要因が大きく安定しているのに対し，性質は環境要因により変化するととらえる立場です。

ビッグ5モデルを用いて検討した結果からは，性格特性の違いの50％は遺伝的要因に関連していることが指摘されています（Bouchard & McGue, 2003）。

3 遺伝要因　対　環境要因

性格形成に与える要因は大別して遺伝的要因と環境要因に分類されます。遺伝的要因と環境要因の役割を理解するのに有用なのが，遺伝型と表現型の概念です。遺伝型は世代から受け継いだ潜在的な遺伝子型であり，観察不可能です。遺伝型に対して表現型は環境で行動を通じてみられる遺伝子型であり，観察可能です。

性格形成にかぎらず，疾患の発症など，遺伝的要因と環境要因の双方が影響をおよぼす現象の研究では，これらの要因がより厳密に統制され，観察可能な双子研究・里親法が用いられることが多くあります。双子研究では，一卵性双子と二卵性双子を比較することが，里親法では，子どもと里親と実親間の共通特質を検討することが可能です。

　これらの研究法は，同一の家庭内では，環境が同一だという仮定を前提としていますが，一卵性双子と二卵性双子が他者に同一の扱いを受けることは確実でしょうか。あるいは，同一家庭内で養育された場合でも，共通した環境と，別々の環境要因の影響を明確にする必要についての疑問が存在します。同一家庭内で同時期に養育されたきょうだいや双子が異なる性格を形成することはまれではありません。共通した環境とされる家庭でも親の対応が子どもにより異なることや，また学校や他の生活環境が異なっていても，これらの要因を統制して研究する必要があり，これらの研究法は非常に困難であると思われます。

4　気質

　気質とは，生物学的に規定されている行動表出のスタイルです。気質はトーマスとチェス夫妻（Thomas & Chess）による子どもに関するニューヨーク縦断研究により提唱されました。そもそもは同じ両親から生まれ，同一家庭内で養育されているのに自分の子どもたちの行動表出が異なることに気づいたトーマスとチェスは，9つの気質の側面と，これらにより定義される3つの気質型を提案しました。

　3つの気質型とは，扱いやすい子（easy child）・時間のかかる子（slow-to-warm-up child）・扱いにくい子（difficult child）です。扱いやすい子は，全体の4割ほどにみられ，おだやかで肯定的な気分であることが多く，新しい環境に適応しやすい子どもです。時間のかかる子は，活動量は少なく，気分が変わりやすく，新たな環境や人に慣れるまでに時間を要し，他者からのかかわりに否定的であることが特徴です。扱いにくい子は，活発で，すぐイライラし，環境の変化に対して激しい抵抗を示すといわれています。

　この3つの気質型に関連して，子どもの愛着行動パターン分類に用いられる代表的な手法が，エインスワース（Ainsworth）によるストレンジ・シチュ

エーション実験です（3章参照）。乳児の母親との分離場面と再会場面を設定し，見知らぬ場面や見知らぬ人への反応を測定して，愛着行動を A 型（回避型）・B 型（安定型）・C 型（抵抗／アンヴィバレント型）・D 型（無秩序・無方向型）に分類しました。

また，愛着行動以外にも気質を測定する尺度は開発されています。例として，活動水準・適応性・玩具へのアプローチ・気分・気分の安定度・声による反応の 6 つの側面を測定する Behavioral Style Observation System（BSOS）（Karp et al., 2004），3 つの気質側面を測定する Children's Behavior Questionnaire（CBQ）（Rothbart et al., 2001）などがあげられます。

では，気質はどの程度安定しているのでしょうか。縦断的研究では，気質は幼少期から青年期にかけて比較的安定するといわれています（Newman, Caspi, Moffitt & Silva, 1997）。保護者の養育態度により，気質が強化または消去されることが知られていますが，養育態度と気質のマッチングにより変化するといえます。

性格について考察する際，気質よりも特性が長期的に安定しています（Roberts & DelVecchio, 2003）。気質はストレス反応に関係し，状況的要因や心理的要因，身体的要因が関連しています（Strelau, 1998）。

5 性格発達の外的要因

性格形成の環境的要因のなかで主要なものに，家庭内要因や養育スタイルがあげられます。養育スタイル分類には複数ありますが，主に親のコントロールの強度により 3 つに分類されます。ボームリンド（Baumrind）は，過度のコントロールを特徴とする権威主義的，放任を特徴とする許容的，論理的なしつけを特徴とする威厳のある 3 養育スタイルを提案しました。一方，親の養育スタイルを家の骨組みになぞらえたバーバラ・コロローソの家族分類では，権威主義的で融通のきかないれんが壁家族・過度に許容的なくらげ家族・適度な権威がある背骨がある家族というとらえ方が提案されています。

いずれのモデルをみても，親が権威主義的で極端な規則やしつけを行う場合や，逆にいっさい家庭内の規則や親による叱責や注意がない場合のいずれも適応的な養育スタイルではなく，子どもの性格形成に否定的な影響を与える

ことが示唆されます。過度に権威的でコントロールの強い養育スタイルは，子どもの不安・完璧主義・自尊心の低さと関連していることが指摘されています（Scott, Scott & McCabe, 1991）。もっとも望ましいのは，ある程度の規則やしつけなどの枠組みは親が提示するなかで，子どもの自由な探求や試みが可能な中間的な養育スタイルでしょうか。

　さらに比較的新たな養育タイプによる分類では，親の子どもへのかかわり方により，かかわりをもっている養育タイプ・情緒的に巻き込まれている養育タイプ・情緒的に距離をおいている養育タイプという3種類に分けられます（Metsapelto & Pulkkinen, 2002）。親は子と適度なかかわりをもつ養育タイプがもっとも望ましく，子どものプライバシーに踏み込みすぎて子どもの感情を受けとめるのではなく一喜一憂して情緒的に巻き込まれている養育タイプや，子どもの感情面などの変化に興味を示さず情緒的に距離をおいている養育タイプは，適応的でないとみなされます。養育タイプ分類は，統合失調症患者の家族にみられる批判的な感情表出と，情緒的な巻き込まれのいずれも患者の症状安定には否定的な効果をもたらすという Expressed Emotion（EE）の概念に関連しています。

6　養育スタイルに関連する他の関連

　性格発達の外的要因として親の性格があげられます。ビッグ5モデルを用いた不適応的な養育スタイルの親の性格要因として，高い神経症傾向，低い外向性，低い開放性の組み合わせが指摘されています（Metsapelto & Pulkkinen, 2002）。また親の性格特徴と子の性格の関係を検討した結果，子どもの自己報告により，親の愛情や保護的態度が，子の自尊心や不安と関連していることがわかっています（Scott *et al.*, 1991）。

　また方向性，つまり親の養育スタイルが一方的に子どもの性格形成に影響を与えるのではなく，子が親の行動や体験を形成するのに与える影響の重要性も指摘されています。自己社会化を通じて，子どもは積極的に他者からのフィードバックを選択し，影響を与えられます。子どもによっては，親など他者から笑いかけられたときに目を合わせて微笑み返す，あるいは目をそらしてうつむくなど，同じかかわり方をしても異なるフィードバックを与える場合がありま

す。親などの他者としては、目を合わせたり微笑んだりするというフィードバックが得られた場合のほうが、目をそらしたりうつむいたりするなど回避的なフィードバックを得た場合よりも、さらに笑いかけたり話しかけたりするという行動をしやすくなると思われます。

このように、親子が互いに影響を与える相互作用メカニズムを説明したモデルをトランザクショナルモデル（Transactional）といいます。相互作用を重ねることで、前述の例であるように親から向社会的なかかわりを誘発しやすい子どもは自らも向社会的な行動を頻回に示し、外向性が強まり、そうでない子どもにとっては逆のパターンが形成されることが考えられます。

4節　自己と人格

1　自己概念とは

自己概念は、ジェームス（James）により主体的な知る者としての自己である私と、知られる者としての自己として提唱されました。

さらに自己概念の3要素には、外見や健康などにまつわる身体などの物質的自己、家庭や職場での役割や他者との関係にまつわる社会的自己、感情・考え・価値観など心理的内面にかかわる精神的自己があります。これら3つの側面は異なりますが、統合されて私という自己が形成されています。

2　心理社会的発達理論

エリクソン（Erikson）の心理社会的発達理論は、フロイトの心理性的発達理論を発展させ、社会的な側面に焦点化したモデルです。生涯を通じて年齢により達成されるべき発達課題があり、それらが達成されない場合、何らかの不適応を生じるとされます。

ここではとくに、青年期の発達課題であるアイデンティティ、または自我同一性達成について取り上げます。アイデンティティ達成の4つの状態をとらえたマーシャの枠組みでは、同一性達成型（identity achiever）・モラトリアム型（moratoriam）・早期完了型（foreclosure）・同一性拡散型（identity diffusion）の可能性が示されています。

国内では1980年代に，青年が社会人になる猶予期間として長期化したモラトリアムを学生として過ごすことが問題視され，1990年代以降は引きこもりやニートの問題が顕在化して同一性拡散がみてとれたといえます。

アイデンティティが達成されない状態，つまりアイデンティティ・クライシスには2種類あり，望むアイデンティティが達成されない状態のアイデンティティ障害と，2つ以上のアイデンティティが相反する状態のアイデンティティ葛藤があるとする立場があります（Baumeister, Shapiro & Tice, 1985）。

2000年代以降は景気の低迷と経済格差により，アイデンティティ障害やアイデンティティ葛藤が顕著になっているのではないでしょうか。

3　自尊感情（Self-esteem）

自尊感情は自己の評価的側面であり，社会的価値と自己の有能観に関する2側面により構成されています（Tafarodi & Swann, 1995）。自尊感情は発達過程を通じて増加し，成人期後期に減少します。社会的価値と自己の有能観に顕著な差がある場合には，矛盾した自尊感情としてとらえられます。また有意な性差があり，男性は女性より高い自尊感情をもつことが報告されています。

前述した自己概念のように，自尊感情も特定の分野に関連した複数の自己価値を含むことが提唱されています。自尊感情の階層モデルでは，学業的・社会的・情緒的・身体的自己概念分野によって，それぞれの自尊感情があることが示されています（Shavelson, Hubner & Stanton, 1976）。

4　自己効力感（Self-efficacy）

自己に関する肯定的な側面に焦点化した点では自尊感情と類似していますが，バンデューラが唱える自己効力感は外界の要請に応じて適切な対応や行動をすることができるという自信または感覚をさします（Bandura, 1997）。自己効力感は，全般的または具体的にとらえられ，具体的な自己効力感の例としては英会話についての自己効力感や，禁煙や適度な運動などの保健行動についての自己効力感があげられます。高い自己効力感は，低い不安・低い抑うつ感情・高い自尊感情・楽観主義・適応的コーピングスタイルと関連しており，特定の行動についても測定が可能なことから教育心理学・健康心理学など幅広い分野

で研究の対象となっています。

5節 性格と健康

健康的な性格というものはあるのでしょうか。あるとすればそれはどのようにとらえることができるのでしょうか。同一のストレスフルな出来事，すなわちストレッサーに直面しても大きく影響を受ける人とそうでない人がいます。これはストレスへの対処法，コーピング・スタイルの違いであると考えられています。

1 性格とコーピング・スタイル

コーピング・スタイルの違いは，実際に対処の行動をとる前のストレスフルな出来事を評価する段階からすでに生じています。ストレスは2段階で評価され，一次的評価では経験した（あるいはこれからする）出来事がどの程度脅威をもたらすのかという評価，二次的評価では出来事に対処する自己能力の評価がなされます（Lazarus & Folkman, 1984）。

2 コーピング反応の分類

コーピング反応の分類には複数ありますが，ラザラスら（Lazarus）による2分類がパイオニアです。2分類には，問題解決のための行動をとる問題焦点型と，考え込んだり他者を責めたりして問題解決の行動をとるわけではありませんが，情動面への影響に対処している情動焦点型があります。引きこもりやけ酒などの問題回避は回避焦点型といわれ，情動焦点型の一種です（Lazarus & Folkman, 1984）。

この2分類から発展した3分類に，情動指向コーピング・課題指向コーピング・回避指向コーピングがあり，それぞれを反映した尺度が Coping Inventory for Stressful Situations (CISS) です（Endler & Parker, 1999）。

3 Goodness of Fit 仮説

1つのコーピング反応は万全ではありません。状況欲求と反応の適合性が，

反応の適応性を決定します（Feather, 1990）。ストレッサーには制御可能な性質のものと，制御不可能な性質のものがあります。試験など現実的な解決法が存在して制御可能な場合は，問題焦点型コーピングがベストなフィットであり，試験勉強を行うことが勧められます。しかし，癌(がん)のターミナル段階だと宣告されたなど，現実的な解決法が存在せず制御不可能な場合は，情動焦点型コーピングがベストフィットであると考えられます。ストレッサーの性質や状況によっては，感情表現はストレスを軽減し，問題焦点は状況不安を増加します。コーピングスタイルは，ストレッサーや認知的評価と関連していることが指摘されています（Endler, 2002）。

4　性格と健康に関する理論

　ストレスコーピング以外にも，健康に関連した性格面には諸説あります。性格と健康の関連を示した実証的なモデルには，病因論モデル・疾病行動モデル・ストレス媒介／介在モデル・ストレス発生モデルがあります。

　病因論モデル（Etiological Model）は，物質依存のように性格の生物遺伝的な側面に着目しています。疾病行動モデル（Behauioral Model）では，性格の個人差が運動など適応的な健康行動や，過度の飲酒など破壊的な健康行動と関連しているととらえています。ストレス媒介／介在モデル（The Stress-Moderation-Mediation Model）では，性格がストレスと疾病の調整要因として機能しているとみなします。たとえば先延ばしという性格傾向は，ストレッサー（試験）と疾病（抑うつ）の関連を強化することが考えられます（Flett, Blankstein & Martin, 1995）。最後にストレス発生モデル（The Stress Generation Model）では，人がものごとを自分にとってストレスフルにしてしまう場合があるとみなしています。

　人は一定の選択により，自分にとって問題となるような状況を生み出し，それが抑うつ状態などに至ることが例として考えられています（Selye, 1977；Hammen, 1991）。同様にタイプA性格の人は，他の人に比較して，同じ状況下でも自分に高い要求水準を価し，他者に敵意をみせて否定的な反応を招き，結果的にストレスフルな状態に至ると考えられます。

5 タイプA性格

タイプA性格は，2人の心臓外科医フリードマンとローゼンマン（Friedman & Rosenman）による6つの特徴をもつ性格を示します。彼らは自分たちの診療で心臓疾患をもつ患者の性格に共通点があることに気づきました。6つの特徴とは，競争心・あいまいな目標達成要求・賞賛要求・時間に追われている感覚やイライラ感・つねに忙しい・周囲の変化への敏感な反応です。

アメリカでは心臓疾患が働き盛りの成人男性のトップの死亡原因であるため，変容可能な原因を解明することに意義があったといいます。フリードマンとローゼンマンに続き，タイプA性格に関する研究が数多くなされました。タイプA性格には，外的環境と疲労や空腹など自己（内的）環境を強くコントロールしようとする傾向があり，このようなコントロール欲求は，冠状動脈疾患や高血圧と関連しています（Glass, 1977）。またタイプA性格をもつ人には高い自己要求水準があるものの，実際の課題パフォーマンスとのあいだには差があり，この差を狭める努力をするため，つねに心理的また身体的に活動をするといわれます（Matthews, 1982）。

このようなタイプA性格に対して，逆にのんびりした性格であるタイプB性格，失望感や感情の抑制を特徴とし，癌に関連しているとされるタイプC（Greer & Morris, 1975），心臓血管疾患に関連しているタイプD性格（Denollet, Sys & Brutsaert, 1995）も存在します。

6節　人格障害

1　人格障害の種類

DSM-IV（精神疾患の分類と診断の手引き）による分類では，人格障害には3つのクラスター（群），さらにその下に合計10種類の人格障害があります（表1-1参照）。

2　クラスターA

奇妙さを特徴とするクラスターAには，妄想性人格障害・分裂病質人格障害・分裂病型人格障害があります。

表1-1　DSM-IVによる人格障害のクラスターと分類

クラスター	人格障害	特徴
A　奇妙さを特徴とする	妄想性	他者への猜疑心
	分裂病質	対人的興味が少なく感情の起伏に乏しい
	分裂病型	他者とのかかわりに不安，奇妙な服装や考え
B　情動的混乱を特徴とする	反社会性	社会規範の無視や罪悪感の欠如，共感性の乏しさ
	境界性	不安定な感情や対人関係，空虚感，高リスク行動
	演技性	芝居がかった感情表現，対人関係での不適切な親密さ
	自己愛性	自己尊大，特権意識，共感性の欠如
C　不安を特徴とする	回避性	社会的孤立，不適切感，低い自己評価
	依存性	被保護欲求，従属的，分離不安
	強迫性	秩序，完全主義，精神面および対人関係の統制

1）妄想性人格障害

妄想性人格障害は，他者への猜疑心や批判，社会的な場面での現実吟味能力の低下，敵意の強さが特徴です。

認知行動要因としては不適応な認知スキーマ，精神力動学的要因としては幼少期の屈辱やあざけり，主要な防衛機制としては投影が指摘されています（Hansell & Damour, 2005）。

2）分裂病質人格障害

分裂病質人格障害は，対人的興味の希薄さ，親密な関係の欠如，感情の起伏の乏しさを特徴としています。

生物学的な要因としては扱いにくい子としての気質，認知行動要因としては奇妙な思考パターンと社会的手がかり読みとりの困難さ，精神力動学的要因としては困難な幼少期の対人関係，主要な防衛機制としては打ち消しと知性化が指摘されています（Hansell & Damour, 2005）。

3) 分裂病型人格障害

分裂病型人格障害は，奇妙な考え，関係念慮（すべての出来事が自分に関係しているという妄想）など統合失調症の症状と類似している点があり，対人不安や風変わりな考え・話し方・服装，奇異な信念を特徴とします。

生物学的な要因としては，統合失調症に類似した構造的また機能的な脳機能不全が指摘されています。また，認知行動要因としては，奇妙な思考パターンと社会的手がかり読みとりの困難さが指摘されています（Hansell & Damour, 2005）。

3　クラスターB

情動的，奔放な行動や態度を特徴とするクラスターBには，反社会性人格障害・境界性人格障害・演技性人格障害・自己愛性人格障害があります。

1) 反社会性人格障害

反社会性人格障害は，社会規範の無視や罪悪感の欠如，共感性の乏しさを特徴とします。

生物学的な要因としては，不安反応の欠如や問題，母体の薬物暴露，脳の構造的異常が考えられています。認知行動要因としては，養育者による反社会的行動のモデリングや強化があげられています。精神力動学的要因としては残虐で虐待的な幼少期の関係，主要な防衛機制としては攻撃者との同一視があげられます（Hansell & Damour, 2005）。

2) 境界性人格障害

境界性人格障害は，不安定な感情や対人関係，空虚感，自傷の高リスク行動を特徴とします。

生物学的な要因としてはセロトニンレベルの低さ，認知行動要因としては「全か無か」思考があげられています。精神力動学的要因としては，児童期の心的外傷体験・非共感的な幼少期の関係があげられ，主要な防衛機制には分裂が認められ，入院中の病棟スタッフなどに対してみられることがあります（Hansell & Damour, 2005）。

3）演技性人格障害

　演技性人格障害は，浅く芝居がかった感情表現や対人関係での不適切で一方的な親密さを特徴とします。

　認知行動要因としては，他者の注意をとらえるための自己演技性，あいまいで印象による認知スタイルがあげられます。精神力動学的要因としては，幼少期の不安定な愛着関係が考えられ，主要な防衛機制は抑圧とされます（Hansell & Damour, 2005）。

4）自己愛性人格障害

　自己愛性人格障害は，自己尊大，特権意識，共感性の欠如を特徴とします。

　認知行動要因としてゆがんだ自己観，精神力動学的要因として隠れた無能感，養育者によるネグレクトまたは過剰な甘やかし，主要な防衛機制には理想化と価値下げが考えられます（Hansell & Damour, 2005）。

4　クラスターC

　不安を特徴とするクラスターCには，回避性人格障害・依存性人格障害・強迫性人格障害があります。

1）回避性人格障害

　回避性人格障害は，社会的制止，不適切感，自己に対する否定的な評価に対する過敏さを特徴とします。

　生物学的要因には，時間のかかる子としての気質があげられます。認知行動的要因としては，他者に批判され拒絶されるという思い込みがあります。精神力動的要因としては，幼少期に経験した極度の羞恥心，主要な防衛機制には引きこもり，空想への逃避があげられています（Hansell & Damour, 2005）。

2）依存性人格障害

　依存性人格障害には世話をされたいという広範で過剰な欲求があり，そのために従属的でしがみつく行動をとり，分離に対する不安を感じる特徴があります。

認知行動的要因には，養育者による依存的な行動の強化や自立できないというゆがんだ信念があります。精神力動学的要因には口唇期固着，主要な防衛機制には退行・同一化・理想化が認められます（Hansell & Damour, 2005）。

3）強迫性人格障害

強迫性人格障害は，秩序・完全主義・精神面および対人関係の統制にとらわれ，柔軟性・開放性・効率性が犠牲にされる特徴があります。

認知行動的要因には，非合理で細部にこだわった認知スタイルがあります。精神力動学的要因には肛門期固着，主要な防衛機制には反動形成・とりやめ・感情の孤立化があげられています（Hansell & Damour, 2005）。

7節 人格障害と他の臨床問題

1 人格障害と併存疾患

人格障害と併存する精神疾患には，アルコール依存症や抑うつ，不安障害，摂食障害などがあります。このことは，人格障害をもつ人は自ら治療を求めない傾向が多く，他の精神疾患の治療を受けに精神科などを受診してはじめて，人格障害が診断されることと関連しています。

アメリカの統計では，人格障害は人口全体の14％程度に認められるといわれています（NIH, 2004）が，不安障害・気分障害・摂食障害の少なくとも3割程度は，人格障害を併発しているといわれます。またアルコールなどの物質依存症では，人格障害との併発率は2割程度ですが（Swartz et al., 1990），これら疾患が併存するため治療が困難であるとされます。

2 性格とアルコール依存症

性格とアルコール依存症についての議論では，飲酒の動機づけにかかわる性格を理解することが必要と思われます。アルコール依存症には，控えめで依存的な性格でストレス対処に飲酒するタイプ1と，衝動的で攻撃的な性格で刺激を求めて飲酒するタイプ2の2つのタイプがあります（Cloninger, 1987）。

飲酒行動は，アルコール依存症の社会学習理論によっても説明することがで

きます。飲酒結果の肯定的な経験や観察により，依存的な飲酒行動がモデリングされます。例として，最初は飲酒できない青年が所属している会社や部活動などで先輩や上司が大量に飲酒する様子をみて，集団帰属意識を強めるために飲酒行動を模倣することがあげられます。

またアルコール乱用に関連した6つの肯定的な信念には，快感・性的増強・自信がつく・社会的主張を可能にする・緊張をほぐす・全般的に肯定的な変化がある，があげられています（Goldman et al., 1986）。普段控えめでおだやかにみえる人が飲酒をして先輩や上司に文句を言ったり，自信がない人が恋人にプロポーズする前に飲酒して勇気をつけることはめずらしくありません。英国のメディアでは，ビールの飲酒量が増えるにつれパブで出会った相手の女性が魅力的にみえるコマーシャルや，その魅力度がパブの照明，室内の煙草の煙の量，相手との距離などによっても影響されるということが数式で表されていますが，これらは快感や性的増強に関する信念の一端を表しています。

3 性格と抑うつ

性格と抑うつの関連は複数の観点から論じられています。ビッグ5モデルを用いた説明では，高い神経症傾向と良心性の組み合わせ，あるいは低い外向性と協調性の組み合わせが，自己批判や抑うつと関連しているとされます。

また，性格様式による観点からは，内向的性格と委託的性格は各々抑うつに関連していることがあげられています。内向的性格は，コントロールの強い懲罰的な親を背景に自己批判的で自己懲罰的であり，委託的性格は，矛盾した養育やネグレクトを背景に他者に依存的であるといわれています（Blatt, 1995）。

抑うつと関連した性格に，完璧主義があげられます。完璧主義は，抑うつレベル・症状の程度・期間と関連していることが報告されています（Hewitt & Flett, 1991）。また社会観察学習理論では，完璧主義の親が子どもに与える影響を中心にとらえ，子どもは親を模倣し完璧主義になる傾向があることが示されています（Bandura & Kupers, 1964）。さらに社会反応モデル理論では，「子どもは虐待的な環境内でコーピングのため，完璧主義になる」（Flett, 2007）という前提のもと，予測のつかない環境で制御感を得るために完璧主義になると提唱されています。過度に批判的であったり暴力をふるう養育者を

もつ子どもが，時として完璧主義であることと一致しているといえるでしょう。

参考文献

Allport, G.W. 1968. *The person in psychology: Selected essays by Gordon W. Allport.* Boston: Beacon.

Allport, G.W. 1937. *Personality: A psychological interpretation.* New York: Holt, Rinehart & Winston.

Almagor, M., Tellegen, A. & Waller, N.G. 1995. *The Big Seven model: A cross-cultural replication and further exploration of the basic dimensions of natural language trait descriptors.* Journal of Personality and Social Psychology, **69**, 300-307.

Bandura, A. 1997. *Self-efficacy: The exercise of control.* New York: Freeman.

Bandura, A. & Kupers, C.J. 1964. *Transmission of patterns of self-reinforcement through modeling.* The Journal of Abnormal and Social Psychology, **69**(1), 1-9.

Baumrind, D.H. 1971. *Current patterns of parental authority.* Developmental Psychology Monographs, **4**(1, Part 2).

Blatt, S.J. 1995. *The destructiveness of perfectionism: Implications for the treatment of depression.* American Psychologist, **50**, 1003-1020.

Baumeister, R.F., Shapiro, J.P. & Tice, D.M. 1985. *Two kinds of identity crisis.* Journal of Personality, **53**, 407-424.

Bouchard, T.J., Jr. & McGue, M. 2003. *Genetic and environmental influences on human psychological differences.* Journal of Neurobiology, **54**, 4-45.

Cloninger, C.R. 1987. *Neurogenetic adaptive mechanisms in alcoholism.* Science, **236**, 410-416.

Costa, P.T., Jr. & McCrae, R.R. 1992. *NEO-PI-R.* Odessa, FL: Psychological Assessment Resources.

Denollet, J., Sys, S.U. & Brutsaert, D.L. 1995. *Personality and mortality after myocardial infarction.* Psychosomatic Medicine, **57**, 582-591.

DeYoung, C.G., Peterson, J.B. & Higgins, D.M. 2002. *Higher-order factors of the Big Five predict conformity: Are there neuroses of health?* Personality and Individual Differences, **33**, 533-552.

Endler, N.S. 1983. *Interactionism: A personality model, but not yet a theory.* In M.M. Page (Ed.), Nebraska symposium on motivation 1982: Personality: Current theory and research (pp. 155-200). Lincoln, NE: University of Nebraska Press.

Endler, N.S. 2002. *Multidimenstional interactionism: Stress, anxiety, and coping.* In L. Bäckman & R.C. von Hofsten(Eds.), Psychological science 2000: Social, personality, and health perspectives(Volume 2, pp. 281-304). Brighton, UK: Taylor & Francis, Psychology Press.

Endler, N.S. & Parker, J.D.A. 1999. *The Coping Inventory for Stressful Situations (CISS): Manual (2nd ed.).* Toronto: Multi-Health Systems, Inc.

Eysenck, H.J. 1970. *The structure of human personality* (3rd ed.). London: Methuen.
Feather, N.T. 1990. *The psychological impact of unemployment.* Springer series in social psychology. New York: Springer-Verlag Publishing.
Flett, G.L., Blenkstein, K.R. & Martin, T.R. 1995. *Procrastination, negative self-judgments, and stress in depression and anxiety: A review and preliminary model.* In J.R. Ferrari, J.L. Johnson & W.G. McCown(Eds.), Procrastination and task avoidance: Theory, research, and treatment(pp. 137-167). New York: Plenum.
Friedman, M. & Rosenman, R.H. 1959. *Association of specific overt behavior pattern with blood and cardiovascular findings.* Journal of the American Medical Association, **169**, 1286-1296.
Glass, D.C. 1979. Stress, behavior patterns, and coronary disease. American Journal of Clinical Biofeedback, **2**(2), 81-91.
Goldberg, L.R. 1993. *The structure of phenotype personality traits.* American Psychologist, **48**, 26-34.
Greer, S. & Watson, M. 1985. *Towards a psychological model of cancer: Psychological considerations.* Social Science & Medicine, **20**(8), 773-777.
Hansell, J. & Damour, L. 2005. *Personality and the personality disorders.* In J. Hansell & L. Damour Abnormal Psychology (pp. 350-391). Hoboken, NJ: John Wiley & Sons.
Karp, J., Serbin, L.A., Stack, D.M., Schwartzman, A.E. 2004. *An observational measure of children's behavioral style: Evidence supporting a multi-method approach to studying temperament.* Infant and Child Development, **13**(2), 135-158.
Lazarus, R.S. & Folkman, S. 1984. *Stress, appraisal, and coping.* New York: Springer.
Matthews, K.A. 1982. *Psychological perspectives on the type.* Abehavior pattern. Phychological Bulletin, **91**, 293-323.
Metsapelto, R.L. & Pulkkinen, L. 2003. *Personality traits and prarenting: Neuroticism, Extraversion, and Openness to Experience as discriminative factors.* European Journal of Personality, **17**, 59-78.
Milgram, S. 1975. *Obedience to authority.* New York: Harper & Row.
Mischel, W. 1969. *Continuity and change in personality.* American Psychologist, **24**, 1012-1018.
Newman, D.L., Caspi, A., Moffitt, T.E. & Silva, P.A. 1997. *Antecedents of adult interpersonal functioning: Effects of individual differences in age 3 temperament.* Developmental Psychology, **33**(2), 206-217.
Roberts, B.W. & DelVecchio, W.F. 2000. *The rank order consistency of personality from childhood to old age: A quantitative review of longitudinal studies.* Psychological Bulletin, **126**, 3-25.
Rothbart, M.K., Ahadi, S.A., Hershey, K.L. & Fisher, P. 2001. *Investivations of*

temperament at three to seven years: The children's behavioral questionnaire. Child Development, **72**, 1394-1408.

Scott, W.A., Scott, R., McCabe, M. 1991. *Family relationships and children's personality: A cross-cultural, cross-source comparison.* British Journal of Social Psychology, **30**(1), 1-20.

Selye, H. 1974. *Stress without distress.* Philadelphia: J.B. Lippincott Company.

Shavelson, R.J., Hubner, J.J., Stanton, G.C. 1976. *Self-concept: Validation of construct interpretations.* Review of Educational Research, **46**(3), 407-441.

Sheldon, W. 1942. *The varieties of temperament.* New York: Harper & Brothers.

Soldz, S. & Vaillant, G.E. 1999. *The big five personality traits and the life course: A 45-year longitudinal study.* Journal of Research in Personality, **33**, 208-232.

Strelau, J. 1998. *Temperament: A psychological perspective.* New York: Putnam.

Swartz, M., Blazer, D., George, L. & Winfeld, I. 1990. *Estimating the prevalence of borderline personality disorder in the community.* Journal of Personality Disorders, **4**, 257-272.

Tafarodi, R.W. & Swann, W.B., Jr. 1995. *Self-liking and self-competence as dimensions of global self-esteem: Initial validation of a measure.* Journal of Personality Assessment, **65**, 322-342.

Thomas, A. & Chess, S. 1989. *Temperament and personality.* In G.A. Kohnstamm, J.E. Bates & M.K. Rothbart (Eds.), Temperament in childhood (pp. 254-261). New York: John Wiley & Sons Inc.

Vaillant, G.E. 2002. *Aging well: Surprising guideposts to a happier life from the landmark Harvard Study of Adult Development.* London: Little, Brown and Company.

Note

遺 伝 と 環 境

　この本の読者の皆さんは,「遺伝」や「環境」と聞くと,何を考えますか？
　自分自身で,片方の親,たとえば父親に似ているせいで,とても慎重な行動傾向がみられると感じるときに,これはどうやら親のもつ特性が「遺伝」したのでは,と考えることがありませんか？　あるいは,きょうだいが多い家族で生活をしている皆さんは,日常のにぎやかな「環境」で,他のきょうだいとともに親に育てられたのですから,自分はとてもおしゃべりでせっかちな特性をもち合わせてしまったと感じていませんか？
　このように遺伝や環境の影響は,おそらくヒトの行動傾向に影響を与えるように思われます。

　多くの場合,子育てをしている親たちにとっては,豊かな養育環境を準備しておくことは,非常に大切なこととしてとらえられています。子どもの成長・発達における環境の重要さは,言うまでもないことかもしれませんね。ヒトの行動や個人差は,このような親による子育てという環境の影響を受けることになるのですが,その影響の強さはいったいどのようなものでしょうか？

　このヒトの行動の個人差に焦点をあてて,遺伝と環境の影響の割合を研究している分野に行動遺伝学があります。
　その研究からは,たいへん興味深い結論が出されています。遺伝的に類似している一卵性双生児を対象とした詳細な研究結果から,知能や性格などは,(親からの)遺伝の影響が無視ができないかたち(40〜50％程度)で存在することが報告されています。
　親からの子育てにおける環境が重要であり,子どもに豊かな環境を準備することが大事であるといっても,だからといって子どもの行動の個人差に,親(の準備する環境)が「遺伝子以外」による影響をおよぼしていることにはなら

ないのです。

　さらに，研究結果から，子どもが発達する初期には遺伝の影響は強くみられるようですが，発達にしたがって，子どもは親以外の「環境」，たとえば，学童期や思春期での友だち関係などから強く影響を受けるようであるとされました。

　どちらかといえば，親の子育てという（環境の）影響も，それほど大きなものではないのかもしれませんね。

　それでは，人間関係における行動を考えるにあたって，遺伝や環境の影響をどのようにとらえたらよいのでしょうか？

　"犬をつれて散歩するようなもの"と考えるとどうでしょうか？　多くの場合，犬を散歩させようと連れ出すと，犬（＝環境と置き換えます）は，リーシュ（＝紐）で飼い主（＝遺伝と置き換えます）とつながっています。その犬がオス犬で，偶然にメス犬に出会ったときなどには，飼い主をその犬が強く引っ張るようになります。つまり，あるときは環境の影響が非常に大きいということです。一方，散歩を終えて帰路についたときなどには，飼い主と散歩を続けていたい犬は，自宅の犬小屋に戻るのをいやがって今度は飼い主が犬を強く引っ張ることになります。こちらは，遺伝の影響が強くみられる場面といえるでしょうか。

　このように遺伝と環境は，ヒトが置かれた環境によって，引っ張ったり引っ張られたりすることで，お互いに影響をおよぼし合っているようです。大切なことは，置かれた環境によって，遺伝の影響が強くなったり弱くなったりするということで，特定の遺伝子が，大きな影響を与えていることはどうやら少ないようです。

　このことは，たとえば，知能を規定する遺伝子が見つかったからといって，個人の行動がその影響を受けて決定的になるのではないか，とすぐに恐れる必要はないということです。われわれヒトは，さまざまな人間関係という環境をもっていて，多くの動物のように遺伝的に決定された行動パターンをもって生活はしていません。ヒトは，さまざまな感情やまったく自由な意志

（遺伝的な影響を受けずに）で行動しているとも考えますよね。

　ただ残念なことに，その自由な意志という考えもどうやら誤りで，先の犬の例からもわかるように，動物と同様に遺伝的（に引っ張られるよう）な行動基盤も存在するのです。

2章
さまざまな人間行動の成り立ち

　人間の行動を説明する要素とは何でしょうか。行動を生み出すものとして，感情や意図，欲求，衝動，意志，関心などさまざまなものがあげられます。また，自分のなかの感情や意図，欲求などによって行動が生起するのはもちろんのこと，他者のなかにある感情や意図，欲求といったものを読みとることによっても自身の行動が生み出されます。つまり，人間の行動は自己に起因するものもあれば，他者に起因するものもあるといえます。

　では，「自己」について，私たちはいつから認識するのでしょうか。また「他者」の存在や，「他者」を理解することは，私たちの行動にどうかかわってくるのでしょうか。

　この章では，まず，「自己」はいつから，どのように認識するのかを整理します。続いて，私たちがもつ「他者」を理解するための機能についてみていきます。さらに，「動機づけ」という概念から人間行動がどのように生起するのか，そのメカニズムを理解していきましょう。

1節　自己の認識

1　自己とは

　「自己」とは自分が意識している自分自身ですが，心理学においてはさまざまな視点から定義されています。ナイサー（Neisser, 1988）は，自己を知覚する情報源の違いから「生態学的自己」「対人的自己」「概念的自己」「時間的拡大自己」「私的自己」の5種類の自己を呈示しています。「生態学的自己」とは，自分を取り囲む環境にある情報を知覚し，環境のなかに位置する自分を知覚する自己感です。「対人的自己」とは，他者との相互的なやりとりのなか

で知覚される自己感です。「生態学的自己」と「対人的自己」は，乳児期の早い時期に知覚されます。「概念的自己」とは社会文化的経験にもとづいて概念的に理解する自己，「時間的拡大自己」は過去や未来への時間的に拡張された自己，「私的自己」は自分の経験が自分だけのものであると自覚的に意識した自己です。これらは，表象能力や記憶能力，認知能力，言語能力などの発達にともなって出現してくると仮定されています。

スターン（Stern, 1985）は，「自分」という感覚の発達的な推移を示しています。生後2カ月までは体験を統合できない状態ですが，2カ月から6カ月頃には自己と他者が別個の身体的単位（中核）であること，つまり，他者とは別の存在であることを認識します（「中核自己」）。7カ月から15カ月には自己の背後には感情や意図などの精神活動があること，それらは他者のなかには自分とは異なるかたちであることがわかるようになり，そうした他者の精神活動の理解にもとづいた相互作用もできるようになります（「主観的自己感」）。およそ15カ月以降には，言語の発達にともなって自己の体験をことばで表現することによって客観化したり，他者とのあいだで伝達・共有したり，自己を言語で表現したりすることが可能になります（「言語自己感」）。

自己の発達について，1歳半前後が転換点といわれますが，その頃，自他の異同や，他者からみた自分というものを意識するようになります。ルイスら（Lewis et al., 1989）によると，1歳半前後に他者から注目されていることに対する「照れ」や，他者への共感，他者にあって自分にないことを意識しての「羨望」といった情動が現れてくると仮定しています。また，これらの感情の出現には自己意識がかかわっているということも指摘しています。

近年，認知神経科学においても，自己と意識に関する研究がなされています。ダマシオ（Damasio, 1999）は意識とは何かについて，対象（出来事〔過去も含む〕）と有機体（身体）の関係から説明しようとしながら，「自己」について，「原自己」「中核自己」「自伝的自己」の3種類を呈示しています。「原自己」とは，あまり変動しないものであり，意識されないものです。「中核自己」は，"いま，ここ"での自己であり，未来は含まれず，数秒の過去だけが関係しているものです。「自伝的自己」とは，過去の個人的経験についての記憶である自伝的記憶を基盤とし，想定される未来も含まれます。日常的に感じ

ている自己はこれにあたります。

2 自己像認知

　自己の感覚の発達を検討するための方法として，乳幼児に鏡を見せ，鏡に映っている自分の姿にどう反応するのか，鏡に映っている像を自分だと認識しているかどうかを試すという方法があります。自己像認知の検討です。自己像認知は限られた動物にのみ観察される特殊な能力とされています。人間の場合，鏡に映った自己像を自己と認識するようになるのは1歳から2歳頃といわれています（Amsterdam, 1972；Lewis & Brooks-Gunn, 1979）。

　アムステルダム（Amsterdam, 1972）によると，生後6〜12カ月では85％の乳児が鏡映像に笑いかけたり，ほおずりするなど，自己鏡映像を他者と認識しているような反応をするといいます（第1段階）。生後12〜24カ月では，鏡の性質を確かめようとするような行動，具体的には鏡の後ろに回り込むといった行動を示します（第2段階）。この段階までの反応は，人間もイヌも大差はありません。しかし，次の段階から違いが現れます。生後20〜24カ月になると，自分では直接見ることのできない身体部位を，鏡を利用して見ようとするような自己指向行動がみられるようになります（第3段階）。具体的には髪を整えるといったような行動です。自然場面での自己指向行動は自己像認知が成立していることを表す指標といえます。しかし，自己像認知を立証する方法としては不十分です。自然場面で自己指向行動がみられないことを，自己像が認知できていない根拠とするには弱いのです。

　自己像認知の指標として長く用いられてきた方法は，マークテスト（ルージュテストともいう）です。もともとマークテストは，チンパンジーの自己認知を調べるためにギャラップ（Gallup, 1970）によって考案されたものです。その手続きは，麻酔がかけられたチンパンジーの額に染料で印をつけ，麻酔から目が覚めたのち，鏡で自分の姿を見たチンパンジーがどう反応するかを調べるといったものでした。鏡に映った姿を自分だと認識していれば，額の染料をさわるはずです。この実験によって，チンパンジーが鏡に映った自分を自己と認識していることが証明されました。

　ルイスとブルックスガン（Lewis & Brooks-Gunn, 1979）は，ヒトの乳幼

児を対象に同様の実験を行い，自己鏡映像の認知についての発達過程を示しました。それによると，生後3カ月までは鏡映像にほとんど反応しませんが，4カ月くらいになると，鏡に映った他者や玩具をさわろうとします。これは鏡に映った像を見ていると理解していない，つまり，鏡の性質を理解していないためと考えられます。生後10カ月ぐらいになると，鏡を見て自分の後ろに玩具があることがわかると，後ろに手を伸ばすようになります。鏡の性質を理解しているのです。しかし，自分の顔に染料がつけられているのを見てもそれにさわろうとはしません。この時期は，まだ自己に対する概念がないのだと考えられます。生後18カ月ぐらいからは，鏡で自分の顔に染料がついているのを見ると，それにさわる（取り除こうとする）行動がみられるようになります。さらに数カ月の間には，鏡に映っている自分の像を「自分」と報告することができるようになります。

2節 他者の理解

1 自己と他者の認識

　自己と他者は異なる身体をもち，自己と他者を混同して認識することはありません。しかし，他者の行為を観察しているときにも，自己がそれと同様の行為を行っているときと同じように活動するニューロン（脳にある神経細胞）が発見されました（Rizzolatti *et al.*, 2001）。それは自分の行為と他者の行為を鏡に映したように表現することから「ミラーニューロン」とよばれています。

　ミラーニューロンの特徴は，自己が運動しているときと，他者が運動をしているのを見ているときの両方で活動することです。つまり，自己が運動するとき，脳内において運動の制御にかかわる領域である運動野が活動するのは当然のことですが，自身が運動しているわけではなく，他者の運動を観察しているだけのときにも運動野が活動するというのです。ミラーニューロンが示すこうした活動は運動前野だけでなく，一次運動野や頭頂葉下部などでみられ，これらの領域を総括して「ミラーニューロンシステム」とよばれています。また，運動表現だけでなく，感覚表現に関してもミラーニューロンシステムといえる活動が示されています。ミラーニューロンは他者を模倣することや，他者の運

動の理解，さらには他者の意図の推測，他者への共感といった認知機能を可能にしているのではないかと考えられています。

　ヒトの模倣能力は他の種に比べて非常に発達したものであるといわれ，他者を模倣する傾向が高い人ほど共感的であることも示されています。他者の行為を意図的に模倣するだけでなく，無意図的に模倣してしまうこともあります。たとえば，あくびが伝染するといわれることや，近くにいる人が顔をこすると自分も同じことをしてしまうなどです。また，模倣されることによって好意をもつ傾向があることも示されています。ヒトには他者の運動を模倣する傾向が備わっていて，それはヒトの社会的行動において根本的な役割を果たしているといえるでしょう。トマセロ (Tomasello, 1999) によると，乳児は遅くとも生後1歳の頃にはかなりの模倣能力を身につけるとされています。ミラーニューロンシステムは，少なくとも生後数カ月のうちに十分機能すべく発達するよう，生得的に備わっていると考えられています。

　生後間もない新生児がおとなの表情を模倣するというのは有名です。生後数時間しか経っていない新生児の前で，おとなが舌を出したり口を開けたりすぼめたりすると，新生児も同様の表情を示します（図2-1）。これは新生児模倣 (neonatal imitation) とよばれ，ヒトは生まれたときから他者の身体イメージと自己の身体イメージを鏡のように対応づける能力をもつと説明されています (Meltzoff & Moore, 1977)。新生児模倣は，生後1週齢に満たないチンパンジーの新生児にもみられることが報告さ

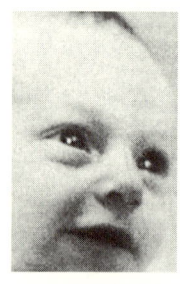

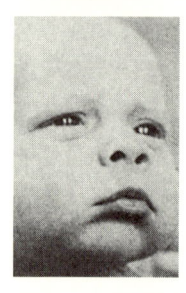

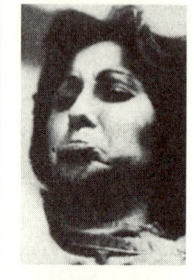

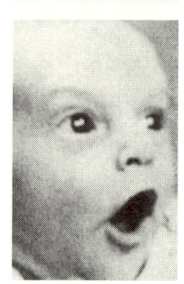

図2-1　新生児模倣 (Field, 1990)

れています (Myowa-Yamakoshi et al., 2004)。

「他者」の認識に関して，脳の特定の部位 (Extrastriate Body Area：EBA) が他者の身体に対して特異的に活動することが報告されています (Downing et al., 2001)。脳は他者の身体と単なるモノを同等に扱ってはいないのです。また，他者を見て認識するだけでなく，運動情報のみから他者の運動（行為）を認識できることが示されています。光点の運動情報のみから他者の行為を知覚することができる現象をバイオロジカルモーションといいます (Johansson, 1973)。光点で示された運動情報から他者の運動だけでなく，性別，知人かどうか，運動のカテゴリー，どれくらいの荷物をもっているかなども認識可能であるといいます (Kozlowski & Cutting, 1977；Dittrich, 1993；Runeson & Frykholm, 1981)。人間は限られた運動情報だけでも，対象を同定し，ヒト同士の意味ある相互交渉も読み取ることができるのです。発達的にみると，生後2日の新生児でさえ，バイオロジカルモーションを検出できているといえる結果が得られています (Simion et al., 2008)。

2　他者の視線の認知

社会的相互交渉において，他者の視線には3つの役割が指摘されています。それは，①自らの注意を他者に向ける（他者から視線を向けられることによって，その他者に注意を向けさせられる），②他者の注意の移動によって他者への自らの注意が解放される，③他者が注意を向けた方向，対象に注意を移動させる手がかり（他者が注意を向けた場所に自分も注意を向けることを可能にする）といった役割です。つまり，ヒトは自分に向けられている他者の視線によってその他者への注意が喚起され（見られていると気になる），逆に自分に向けられていない視線によって別の場所に注意をそらされます（見られていなければ他に注意を向ける）。また，自身の注意は他者の視線によってガイドされ，他者の注意の方向へと向かう（他人の見ているものが気になる）のです。

他者の視線の認識は，「心の理論」のような他者を理解するための能力が発現するためにもっとも重要なものの1つと考えられています。バロン＝コーエンの提唱した「他者の心を読むためのシステム」(Baron-Cohen, 1995)，さらにそれを修正した「共感するためのモデル」(Baron-Cohen, 2005)（図2-

```
┌─────────────────┐  ┌─────────────────┐  ┌─────────────────┐
│   情動検出器      │  │   意図検出器      │  │  視線方向検出器   │
│(The Emotion     │  │(Intentionality  │  │(Eye Direction   │
│ Detector: TED)  │  │ Detector: ID)   │  │ Detector: EDD)  │
└────────┬────────┘  └────────┬────────┘  └────────┬────────┘
         │                    │                    │
         └────────────────────┼────────────────────┘
                              ▼
                   ┌─────────────────────┐
                   │    注意共有機構      │
                   │ (Shared Attention   │
                   │  Mechanism: SAM)    │
                   └──────────┬──────────┘
              ┌───────────────┴───────────────┐
              ▼                               ▼
    ┌──────────────────┐            ┌──────────────────┐
    │    共感化体系      │            │    心の理論機構    │
    │(The Empathizing  │            │(Theory of Mind   │
    │ SyStem: TESS)    │            │ Mechanism: ToMM) │
    └──────────────────┘            └──────────────────┘
```

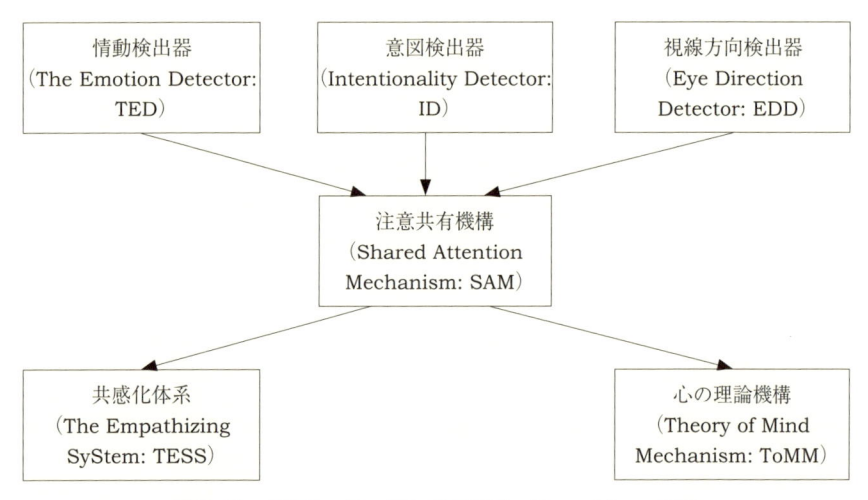

図2-2　バロン=コーエンのモデル (Baron-Cohen, 2005)

2）において，他者の視線の認識は重要な構成要素の1つです。

　バロン=コーエンのモデルは，目に似た刺激の検出や他者の視線の方向を検出する「視線方向検出器（Eye Direction Detector：EDD)」，意図や欲求を読み取る「意図検出器（Intentionality Detector：ID)」，他者の情動状態を読み取る「情動検出器（The Emotion Detector：TED)」，読み取った視線や意図，情動に関する情報を統合して，それらの関係を表象する「注意共有機構（Shared Attention Mechanism：SAM)」，それをこころの状態として表象する「心の理論機構（Theory of Mind Mechanism：ToMM)」，他者の情動状態に共感的に反応することを可能にする「共感化体系（The Empathizing SyStem：TESS)」によって構成されています。視線を解釈する「視線方向検出器」は生後9カ月頃までに発達し，「注意共有機構」は生後9〜14カ月頃に発達します。また，「共感化体系」は14カ月頃，「心の理論機構」は2〜4歳頃に発達するとされています。

　視線の認知について発達的にみてみると，乳児は生後2カ月頃から他者を知覚し，その他者とのあいだに視線のやりとりが成立します。生後2カ月という時期は，認知発達におけるターニングポイントの1つとされ，この頃から乳児の行動は環境に対して能動的になり，行動の計画および評価が可能に

なるとされます。こうした発達的変化は，この時期に他者に対して意図的に微笑む「社会的微笑」がみられることから「ほほえみ革命」ともよばれます（Rochat, 2001）。「社会的微笑」の出現は他者との相互交渉，自分と他者との「二項関係」の成立を示すものです。9カ月頃になると「三項関係」が出現します。三項関係とは，「自分─他者─モノ」の三者の関係のことであり，乳児はそれまで「自己─他者」あるいは「自己─モノ」の二項の関係しか理解できません。しかし，9カ月ごろから自分と他者が共同でモノにかかわれるようになり，これを三項関係の成立といいます。この時期は，「9カ月革命（9カ月の奇跡）」とよばれるほど注目すべき発達的変化の時期です。トマセロによると，9〜12カ月にかけて乳児は，三項関係的交渉において，他者がどこに注意を向けているのかをチェックするようになり，他者の視線や指さしによって示される注意を追うことができようになります。さらに，15カ月頃になると，積極的に他者の注意を自分の興味のある対象に向けさせるような行動が発現するようになります（Tomasello, 1999）。

ヒトは乳児期からすでに他者の目に強く惹きつけられ，追視行動を行い，次第に他者の視線がその人の興味の対象を示すものであることを理解します。そうした基本的な他者についての認知から，他者のこころの推測や共感といった他者理解能力へと発達していくのです。

3　共感と社会的行動
1）共感という現象を支える認知神経学的メカニズム

他者の感情を共有したり，理解することを共感といいます。共感という現象あるいは能力について認知神経学的なアプローチをみてみると，ミラーニューロンシステムが共感の基礎的な神経基盤の1つと考えられています。ミラーニューロンとは，前述のように自己が行為を実行するときと他者の行為を観察するときに共通して活動するニューロン群です。脳の運動関連の領域に存在し，観察した動作を自己の運動として表象することによって，他者の運動の理解や予測を可能にしていると考えられています。こうしたミラーニューロンの研究において2000年代以降，運動関連領域だけでなく，触覚や情動などを処理する領域においてもミラーニューロンのような性質が存在していることが示され

ています。他者の痛みについても，他者が身体的な痛みを経験している様子を観察すると，観察者は自己の痛みにかかわる部位が活動することが報告されています。共感とは他者の心的状態を共有・理解する能力です。他者の経験を自己に写しとる「鏡のような」脳の特性は，そうした能力の神経基盤の1つではないかと考えられるのです。

　しかし，共感の生じ方は対象を知っているか知らないか，好きか嫌いかによってその強さは異なりますし，気分の明暗などの精神状態によっても共感の生じ方は多様になります。また，どのような状況にあっても他者に共感しやすい人もいれば，そうでない人もいるというように，共感しやすさには個人差があります。こうした共感的反応の変動性や共感的傾向の個人差についての認知神経メカニズムは，まだほとんど解明されていません。

2）社会的行動と結びついている共感

　共感は愛他行動・援助行動を生起させるメカニズムとしても説明される概念であり，共感的な能力の起源を考えるとき，愛他的行動の進化の問題として議論されます。愛他的行動とは，他人の利益のために自分の利益を犠牲にするような行動を意味しますが，進化論においてそうした行動は，包括的適応度によって説明されます。包括的適応度という概念は，血縁関係にある個体は同じ遺伝子が共有されていて，その個体同士が助け合うことによって，結果的に自分のもつ遺伝子が次の世代に受け継がれる確率が全体として上がるというものです。つまり，愛他的行動は包括的適応度を上げるという点で有効な行動であり，その対象となるのは血縁関係にある個体ということになりますが，血縁関係にない対象であっても，遺伝子的に類似している個体も対象となりえます。

　非血縁関係での愛他性については，互恵的愛他性という考えによっても説明されます。仲間の利益になることをすることで，後にそれが報いられて結果的に自分の遺伝子を残すことに役立ちます。つまり，互恵的な愛他性が個人の適応度を高めるというのです。このような愛他的行動を生起させるメカニズムの1つが共感なのです。

　共感は愛他的行動の生起に関与しているだけでなく，攻撃的行動を抑制するメカニズムとしても位置づけられます。共感には他者の感情を理解する能力と

いう側面があり，他者を理解することによって他者に対する敵意が抑制され，攻撃的反応が少なくなるといいます。また，共感的に反応する個体は，自分が攻撃することによって他者に苦痛がみられた場合，その苦痛を自分も共有することになります。そのため，攻撃行動が抑制されることが考えられます。

このように共感は，愛他行動だけでなく攻撃的行動に関与しています。つまり，共感という現象は，他者との関係を処理していくさまざまな過程に影響をするものであるといえます。

3節　動機づけ

1　動機づけとは

動機づけ（motivation）は，行動の方向や行動の強さ，行動の維持に関係する心理的過程の総称であり，目標に向けられた行動を始発させ，それを維持し，最終的にはその行動を終止させる過程に関する概念ということができます。動機づけ研究は心理学におけるさまざまな研究領域（知覚・認知・思考・学習・情動・人格など）と関連しています。したがって，動機づけは行動の原因を説明する包括的な概念とみることができます。

鹿毛（2004）によると，動機づけ理論は重視する心理的要素から3つに大別することができるといいます。その心理的要素とは，「認知（cognition）」「情動（emotion）」「欲求（need）」の3要素であり，認知のあり方が動機づけを規定すると考える「認知論的アプローチ」，情動を中核として動機づけを説明しようとする「情動論的アプローチ」，人を行動に駆り立てる心理的エネルギーである欲求によって動機づけが規定されているという考え方にもとづく「欲求論的アプローチ」の3つのアプローチがあります。以下，3要素にもとづく各アプローチにおける特徴的な理論についてみていきましょう。

2　認知論的アプローチ

人間は自分自身や，自分の経験した出来事，社会の出来事など，さまざまな事柄を主観的に意味づけ，それらの積み重ねから信念が形成されます。そうした信念が動機づけにかかわるとするのが「認知論的アプローチ」です。

1）期待×価値理論

期待×価値理論とは，動機づけを「期待（expectancy）」と「価値（value）」との関数とする理論の総称です。この場合の「期待」とは，何らかの行為を遂行するにあたっての"主観的な成功可能性"に関する信念であり，「価値」とは行為の遂行が成功した際の"主観的な価値づけ"による魅力を意味しています。この考えによると，成功する可能性があると確信していてもそれをすることに魅力がないならば，行為は起こさないということになります。この理論の代表的なモデルとして，まず，アトキンソン（Atkinson, 1957）の達成行動の動機づけに関する理論があげられます。

アトキンソンは，ヒトがある課題を遂行し成功したいとする傾向（T_s）について，課題達成への動機（達成動機：M_s），主観的に評価された成功の確率（P_s），課題成功の魅力（課題成功の誘因価：I_s）の積（$T_s = M_s \times P_s \times I_s$）で表せるとしました。成功の魅力（$I_s$）は成功の確率（$P_s$）が低いほど大きくなると仮定され（$I_s = 1 - P_s$），課題が困難であるほど魅力が増すと考えられます。また，人が失敗を回避したいとする傾向（T_{af}）についても，失敗回避への動機（M_{af}），主観的に評価された失敗の確率（P_f），失敗回避（失敗の誘因価：I_f）の積（$T_{af} = M_{af} \times P_f \times I_f$）で表せるとしました。成功したいとする傾向と同様に，失敗の確率（P_f）が低いほど失敗の誘因価（I_f）は大きくなりますが，失敗は不快をもたらすと考えられるため失敗の誘因価は負の値をとると仮定されています（$I_{af} = -(1 - P_f)$）。課題が容易であるほど，失敗したときには恥や不快を感じるというのです。アトキンソンのモデルでは，成功の確率という認知的な要因（期待）によって達成行動の動機づけが決定されることになります。

ウィグフィールドとエックレス（Wigfield & Eccles, 2000）は達成動機に関する期待—価値モデルとして統合的なモデルを示しています（図2-3）。このモデルでは，成功への期待・実用性・コストといった課題に関する主観的な価値の認識が，達成に関する選択，すなわち遂行・持続性・課題の選択に直接的な影響をおよぼすとしています。また，成功に関する期待や課題に関する価値に影響をおよぼすものとして，自己スキーマや目標，自分の能力の認知や課題の認知があり，それらは他者（社会化促進者：親やその他のおとな）の態度や期待，過去の経験の解釈の影響を受けるものとしています。さらに，これらの背

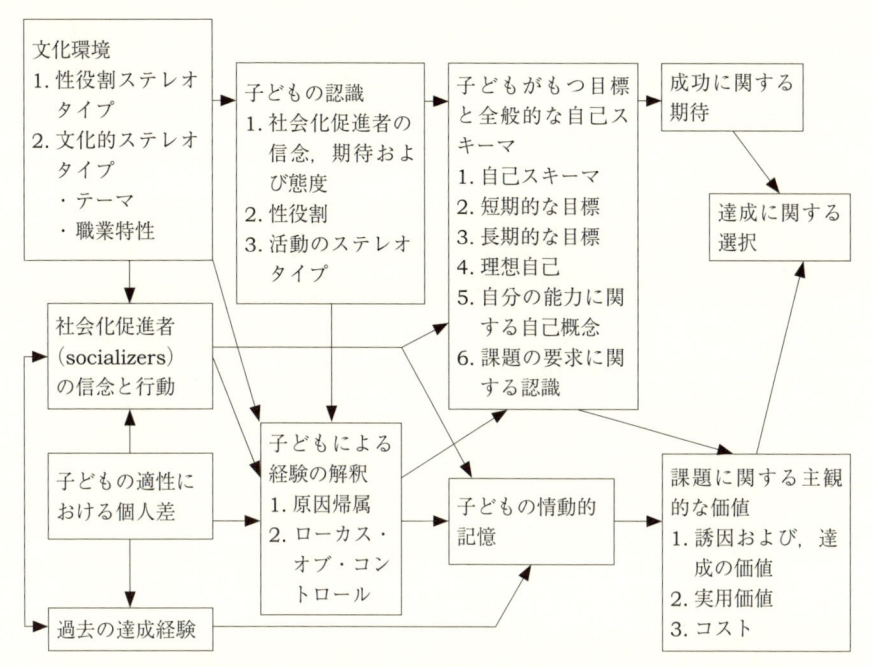

図 2-3 達成動機に関する期待─価値モデル（Wigfield & Eccles, 2000 を改変）

景には文化環境の存在が想定されています。

2）目標理論

人は多種多様な目標をもち，目標に向かって行為を生起させるということを前提として，「目標」から動機づけを説明しようとする理論が目標理論です。目標理論において焦点としている目標とは，具体的な達成の基準（何を達成するか）を意味する「標的目標（target goal）」ではなく，課題を遂行する目的（なぜ達成するか）を意味する「目的目標（purpose goal）」です。

フォード（Ford, 1992）は，目標理論を「目標内容」と「目標プロセス」によって構成されるものとしています。「目標内容」とは，"したいこと""達成しようとしていること"，および"特定の目標をめざして行為した結果得られること"を意味しています。「目標プロセス」とは，目標の設定，方向づけといった，目標が行為へと結びついていくその機能を意味します。フォードは

目標を 24 種類に分類し，6 つのカテゴリー（「情動目標」「認知目標」「主観的構成目標」「自己主張的社会関係目標」「統合的社会関係目標」「課題目標」）に整理しています。24 種類の目標は，単一で機能したり，同時に複数の目標が連携したり，葛藤したりしながら機能するとされます。

　カーヴァーとシャイアー（Carver & Scheier, 1998）は行動制御の基準となる価値として「目標」を位置づけ，目標が階層構造を成すものとしています。上位のものほど抽象度が高く，下位になるほど具体的になります。また，上位から順に BE ゴール（「かくありたい自己」を示す目標），DO ゴール（具体的な行為を指示する目標），動作制御ゴール（具体的な動作をコントロールするための目標）の 3 つに大別しています（図 2-4）。上位の目標の実現のために下位の目標が選択され，同時に行為のプロセスや行為の結果についての情報が，各次元の目標にフィードバックされるというシステムとして「目標プロセス」が説明されています。

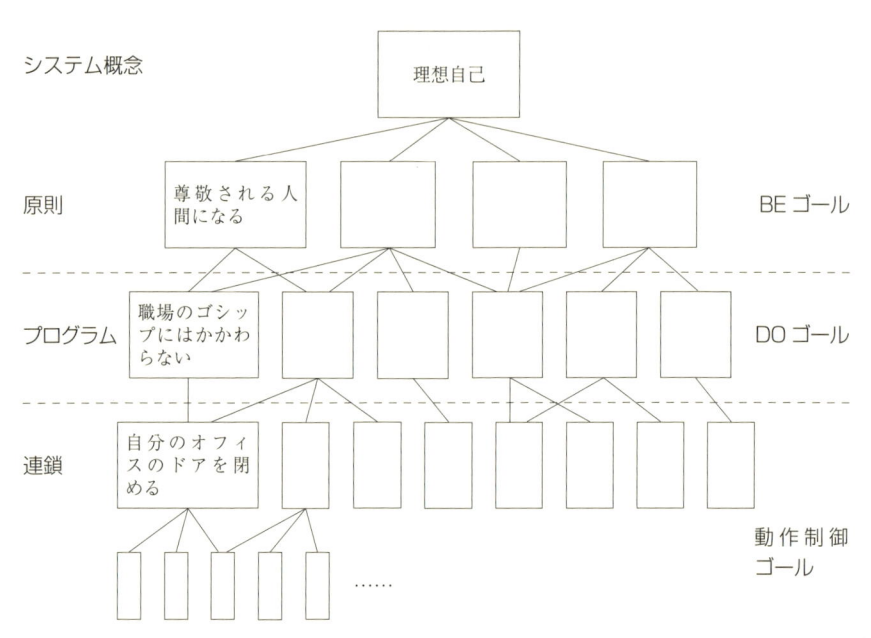

図 2-4　目標の階層構造（Carver & Scheier, 1998 を一部改変）

3 情動論的アプローチ

進化心理学的な解釈において情動は、個体が適切な行動を瞬時に行い、適応価を高める役割をもつものとして意味づけられています。たとえば、恐怖という情動は危険な状況に対処するための行動を喚起する働きをもつと解釈されます。また、情動は複数の目標があったとき、それらに優先順位をつけ、個体を準備状態にする機能をもつ情報とも意味づけられています。日常的にも、たとえば、楽しければ活発に活動するが、恐怖を感じる場面では逃げ出したくなるといったように、情動によって行動が影響される経験をしています。そこで、「情動」が動機づけを説明する重要な要因とするのが「情動論的アプローチ」です。

1) フロー理論

何らかの活動にのめり込むという状態は、気分が自然に集中し、とりたてて努力をしなくてもその活動に没頭できます。そのとき、活動は効率的であり、個人の能力が伸びるよう方向づけられたものとなっています。そうした心理的状態は「フロー (flow)」とよばれています。フローは、①現在の能力を伸長させる（現在の能力よりも高すぎも低すぎもしない）と知覚された挑戦あるいは行為の機会、自分の能力に適合した水準で挑戦しているという感覚、②明瞭で手近な目標、および進行中の事柄についての即座のフィードバック、を条件として生じるとされています。また、フロー体験の特徴として、①その瞬間にしていることへの強く、焦点の絞られた集中、②行為と意識の融合、③内省的自意識（つまり社会的行為者としての意識）の喪失、④自分の行為を統制できるという感覚（つまり、次に何が起ころうともそれへの対処方法がわかっているので、その状況に原則的に対応できるという感覚）、⑤時間的経験のゆがみ（とくに時間が実際より早く過ぎるように感じること）、⑥活動を行う経験自体が内発的な報酬となるので、活動の最終的目標がしばしばその活動を行うことの単なる理由づけとなる、といったことがあげられています（鹿毛, 2004）。

人間の心理状態は、「挑戦」のレベルと「技能」のレベルがどのように知覚されているのか、その組み合わせによって8種類の状態を体験するといいます（Nakamura & Csikszentmihalyi, 2002）。そのなかでフローは、知覚され

た「挑戦」のレベルと，知覚された「技能」のレベルが高い水準で均衡状態にあるときに体験されます。つまり，難しいと感じている課題に取り組むときに，その難易度に見合った高い能力をもっていると思っているとき，「挑戦」と「技能」が均衡し，フローを体験することになります（図2-5）。

こうした均衡状態は不変のものではなく，「挑戦」と「技能」のバランスが異なるものになれば，心理状態も他の状態に移行していきます。知覚された「技能」に対して知覚された「挑戦」のレベルが高くなれば，不安や心配といった心理状態に移行し（図における左まわりの変動），逆に「技能」のレベルが高くなることによって，知覚される「挑戦」のレベルは低くなればリラックスや退屈といった心理状態に移行します（図における右まわりの変動）。

フローを求め続け，課題に取り組み続けたとき，自ずと能力が高まるかもしれません。能力が高まると課題が容易に感じられるようになり，フローを維持するのは難易度の高い課題を求めることになります。こうしたプロセスが繰り返されると，技能は高まっていくことになります。したがって，フローを求め続けることで学習や発達が促進されるとされています。

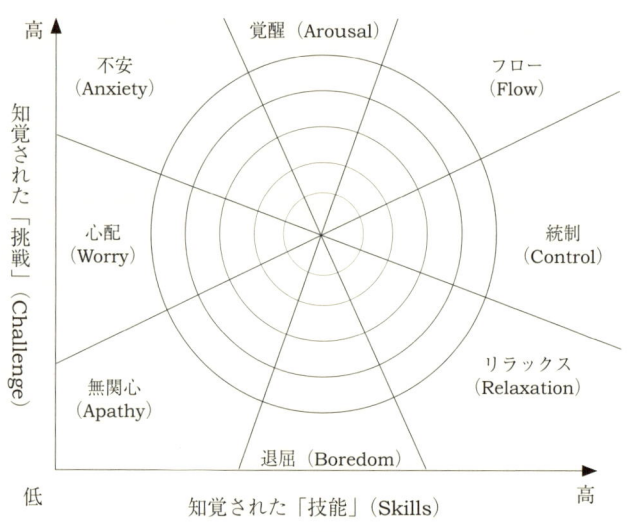

図2-5 フロー理論による8種類の心理状態 (Nakamura & Csikszentmihalyi, 2002)

2) リバーサル理論

人間の心理状態は一定のものではなく，ある時点を境として切り替わることがあります。アプター（Apter, 1989；2001）は，ある心理状態がそれとは異なる心理状態へと反転（reversal）することに注目して動機づけを理論化しようとしました。それが「リバーサル理論」です。この理論では，主観的体験を「手段―目的」「ルール」「処理」「関係」の4つの領域に分け，それぞれに2つの動機づけ状態があるとしています（図2-6）。

たとえば，「手段―目的」の領域には，目的を達成するために手段（行為）が選択され，目的重視の状態（テリック状態）と，手段（行為）それ自体が重視されている状態（パラテリック状態）があり，2つの心理状態が共存することはなく，一方から他方へ転換する関係にあります。具体的には，目的地に到

テリック (Telic)	順応者 (Conformist)	支配 (Mastery)	オーティック (Autic)
目的や目標に焦点化され，手段（行為）が単にその目的に到達するための試みとしてのみ選択され，それ以上の重要性をもっていないような心理状態	ルールが受け入れられている心理状態	個人的な力やコントロールによって人々，状況，対象，課題を支配している（支配されている）という心理状態	自分自身に注意が向けられている心理状態

| 手段―目的 | ルール | 処理 | 関係 |

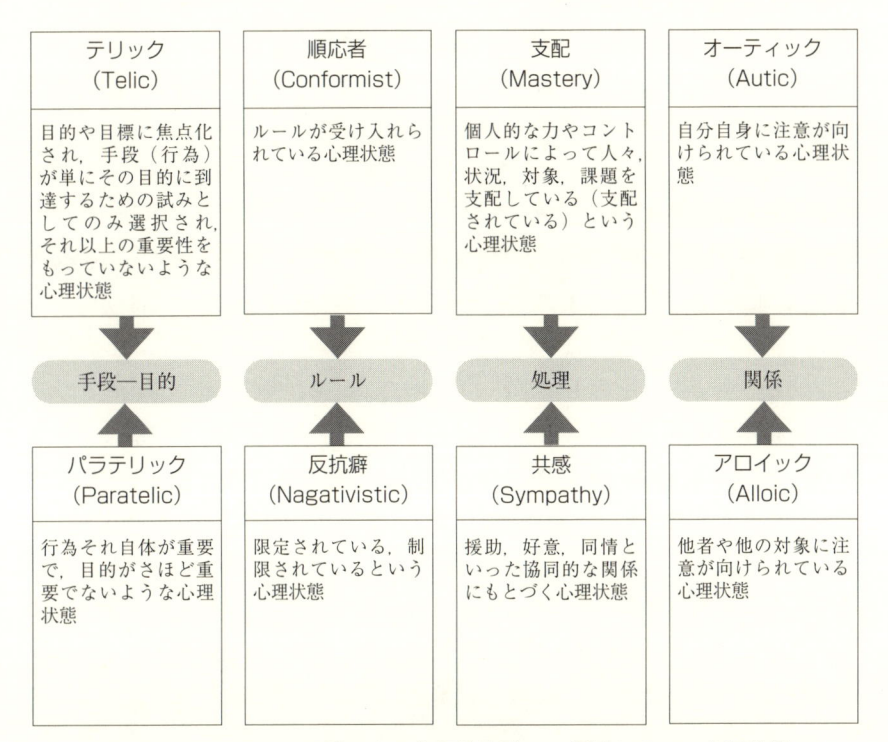

パラテリック (Paratelic)	反抗癖 (Nagativistic)	共感 (Sympathy)	アロイック (Alloic)
行為それ自体が重要で，目的がさほど重要でないような心理状態	限定されている，制限されているという心理状態	援助，好意，同情といった協同的な関係にもとづく心理状態	他者や他の対象に注意が向けられている心理状態

図2-6 リバーサル理論による主観的体験の4領域と8つの心理状態
（Apter, 2001を改変）

達するために運転するという状態と,運転そのものが楽しく感じられている状態があります。そしてその状態について,最初は目的地への移動と感じられていた(目的重視:テリック状態)が,途中で快適なドライブに感じられるようになる(行為重視:パラテリック状態)といったような反転がみられるというのです。また,それぞれの心理状態の背後にはそれぞれに欲求があり,その欲求と,どのような情動を感じたいかということによって,体験は異なるものとなります。たとえば,テリック状態の背後には達成の欲求があり,意味があると感じる情動状態を求め,体験は真剣,本気といったものになります。

リバーサル理論では,こうした情動体験のあり方を「反転」という心理現象に注目して理論化を試みています。

4　欲求論的アプローチ

人間は,生理的欲求や心理的欲求など,多種多様な欲求をもっています。そうした「欲求」によって,動機づけが規定されると考えるのが「欲求論的アプローチ」です。

1) 欲求階層説

マズロー(Maslow, 1954)が提唱した「欲求階層説(hierarchy of needs)」は,「欲求論的アプローチ」のもっとも著名なものです。マズローは欲求を分類し,それに階層構造を想定しました。食物や水分などに対する「生理的欲求」を最下層とし,その上に「安全の欲求」「所属と愛情の欲求」「承認の欲求」が積み重なり,最上層には「自己実現の欲求」がある欲求の階層です(図2-7)。高次の欲求は,低次の欲求が少なくとも部分的に満たされてはじめて,動機づけとして意味をもつようになります。また,自己実現の欲求以外の欲求は,不足や欠乏を低減しようとする(足りないから補おうとする)ような欲求であることから欠乏欲求とよばれます。自己実現の欲求は,それより下層の欲求が満たされたうえで成り立ち,欠乏を低減するような欲求とは異なり,自己の可能性を最大限に発揮しようとする欲求として成長欲求とよばれます。

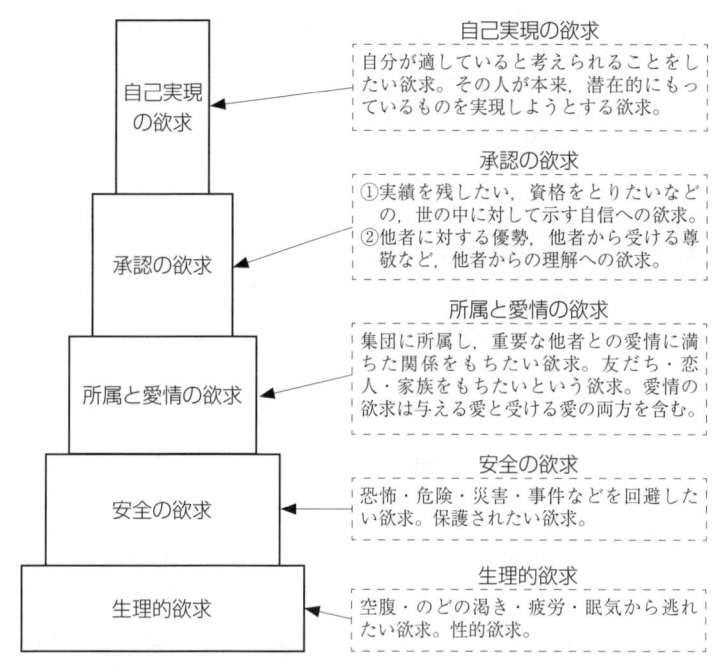

図2-7 5種類の基本的欲求（Maslow, 1954より作成）

自己実現の欲求	自己実現の欲求 自分が適していると考えられることをしたい欲求。その人が本来、潜在的にもっているものを実現しようとする欲求。
承認の欲求	承認の欲求 ①実績を残したい，資格をとりたいなどの，世の中に対して示す自信への欲求。 ②他者に対する優勢，他者から受ける尊敬など，他者からの理解への欲求。
所属と愛情の欲求	所属と愛情の欲求 集団に所属し，重要な他者との愛情に満ちた関係をもちたい欲求。友だち・恋人・家族をもちたいという欲求。愛情の欲求は与える愛と受ける愛の両方を含む。
安全の欲求	安全の欲求 恐怖・危険・災害・事件などを回避したい欲求。保護されたい欲求。
生理的欲求	生理的欲求 空腹・のどの渇き・疲労・眠気から逃れたい欲求。性的欲求。

2) 自己決定理論

　デシとライアン（Deci & Ryan, 2002）による「自己決定理論」では，人間には生得的にもっている心理的欲求があるとしています。デシらのいう心理的欲求とは，①環境と効果的にかかわりながら学んでいこうとする傾性である「有能さへの欲求（need for competence）」，②他者やコミュニティとかかわろうとする傾性である「関係性への欲求（need for relatedness）」，③行為を自ら起こそうとする傾性である「自律性への欲求（need for autonomy）」です。これらの心理的欲求は成長に方向づける欲求であり，これらが同時に満たされているとき，人は意欲的になり，パーソナリティが統合的に発達すると主張されています。

　コンネルら（Connell & Wellborn, 1991 ; Skinner & Edge, 2002）のモデルでは，「有能さ」「自律性」「関係性」という3つの心理的欲求を満たす社会的文脈が想定されています。それら社会的文脈によって心理的欲求が満たさ

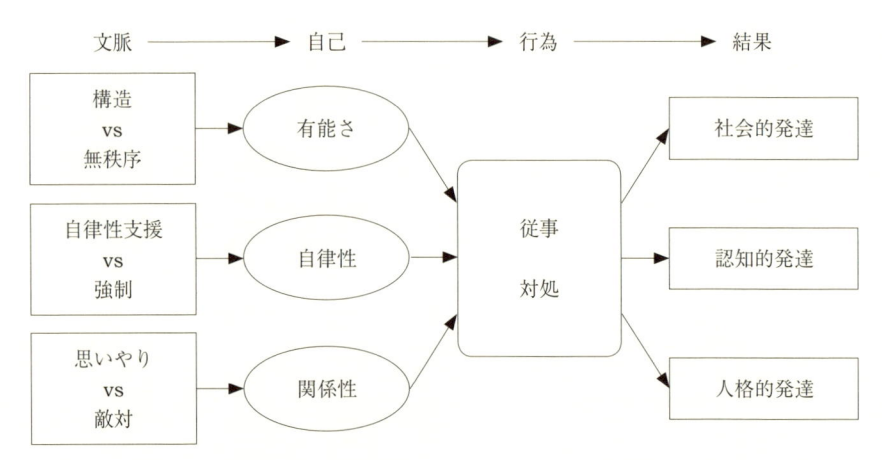

図2-8 動機づけの発達モデル (Skinner & Edge, 2002を一部改変)

れ、それによって課題に従事したり問題に対処したりする行為が生まれ、その結果として社会的・認定的・人格的発達が促されるとする発達モデルです（図2-8）。ここでの想定されている社会的文脈とは、環境が提供する情報の量と質、明確さ（構造〔構造vs無秩序〕）、選択の機会の提供（自律性支援〔自律性支援vs強制〕）、当人に対する知識、関心、情緒的なサポートの程度（関与〔思いやりvs敵対〕）です。「有能さ」への欲求は、当人にとって意味ある情報が整理されて提供されるような構造化された環境によって満たされ、「自律性」への欲求は当人の意志が尊重されるような環境によって満たされ、「関係性」への欲求は思いやりをもって受容されるような環境によって満たされるといいます。

5 他者志向的動機

誰かの期待に応えるためにがんばるということがあります。他者の期待に応える動機づけであり、他者志向的動機とよばれるものです。他者志向的に動機づけられた行動は、その行動の主体にとって、以前に他者から受けた行為やサポートに対する返報として知覚されます。この場合の「他者」とは互恵的・相互依存的関係にある他者と考えられます。つまり、一般的な他者ではなく直接的に関係のある他者ということになります。互恵的・相互依存的関係にあるからこそ、自身に対する期待にお返ししなければならない義務が生じ、

他者のための達成行動が生起するのです．東（1994）は，「日本的な意欲では，まわりの人々，特に強い相互依存で結ばれた親，妻子その他身近な人々の期待を感じ取り，それを自分自身のものとして内面化したものが原動力になる傾向」を指摘しています．

参考文献

アイゼンク，M.W. 2008 山内光哉（日本語版監修）・白樫三四郎ら（監修） アイゼンク教授の心理学ハンドブック ナカニシヤ出版
イアコボーニ，M. 2009 塩原通緒（訳） ミラーニューロンの発見――「物まね細胞」が明かす驚きの脳科学 早川書房
井上健治・久保ゆかり（編） 1997 子どもの社会的発達 東京大学出版会
上淵寿 2004 動機づけ研究の最前線 北大路書房
内田伸子（編） 2006 発達心理学キーワード 有斐閣
遠藤利彦（編） 2005 発達心理学の新しいかたち 誠信書房
髙橋美知子・藤﨑眞知代・仲真紀子・野田幸江 1993 子どもの発達心理学 新曜社
ダマシオ，A.R. 2003 田中三彦（訳） 無意識の脳 自己意識の脳――身体と情動と感情の神秘 講談社
デイヴィス，M.H. 1999 菊池章夫（訳） 共感の社会心理学――人間関係の基礎 川島書房
トマセロ，M. 2006 大堀壽夫・中澤恒子・西村義樹・本多啓（訳） 心とことばの起源を探る――文化と認知 勁草書房
中島義明（編） 2001 現代心理学「理論」事典 朝倉書店
開一夫・長谷川寿一（編） 2009 ソーシャルブレインズ――自己と他者を認知する脳 東京大学出版会
渡辺茂・小嶋祥三 2007 心理学入門コース7 脳科学と心の進化 岩波書店

Note
ミラーニューロン

　他のヒトと円滑な人間関係をもち，社会環境のなかに上手に溶け込んでいく際に重要な要素として，「身振り（ジェスチャー）」や「模倣」があげられます。
　多くの場合，相手と話をしているとき，よい関係を維持するために，ヒトは意識することなく相手の表情や行動を観察しますよね。
　ただし，黙々と相手の行動を観察するのでなく，非常に多くの場合，観察をしている本人も，その相手が行っている行動を「模倣」したり，「身振り」や「うなずき」で返答したりしているでしょう。たとえば，相手がニコニコとしていれば，こちらの気分もよいものになってニコニコと反応するのですが，反対に，相手がむっつりとした表情で話をするときには不快な気分になり，あなた自身もむっつりとした表情で反応しているようですよ。どうやらヒトが表す感情は伝染し，相手と同様な行動をするようです。

　なぜ，このような模倣があるのでしょうか？
　このことを調べた研究者は，観察者の筋肉が，実際に運動をしている相手の筋肉と共鳴することを明らかにしました。しかも，もう少し詳しく調べてみると，観察者が相手と同じく実際に行動するときも，ただ相手の行動を観察するときにも，同じように観察者の脳内の領域が活発になっていたのです。
　この相手の行動を鏡のように映し出し，ヒトの模倣行動を作り上げるために必要な脳領域の細胞は，ミラーニューロンと名づけられました。
　このユニークなミラーニューロン細胞による模倣システムは，じつのところ，ヒトの人間関係の成立にたいへん重要な役割を担っていることが示されています。
　たとえば，トマセロの研究は，小さな子どもが模倣を通じて，自分の親の具体的な言語表現を学習し，それを何度も何度も繰り返す傾向があると報告しています。子どもの模倣や身振りは，自身の言語獲得よりも先行して成立するよ

うです。このほかにも、子どもの発達研究からは、相互模倣を数多くする子どものペアほど、それぞれの自己を認識する能力がより高いとも報告されています。さらに、そのようなペアの関係において、お互いに好意感情をもっているほど、お互いを模倣する傾向が強いこともわかってきました。

どうやら、ミラーニューロンによって、ヒトの人間関係はうまく潤滑化されてくるようです。

われわれおとなにとっても、身振りは、言語的に適切なことばが頭に思い浮かばない際にそのことばを埋め合わせてくれたり、ことばでは伝えきれない情報や言い表せない感情表現を伝達してくれたりするのに役立ちますよね。

すなわち、子どもにとってもおとなにとっても、相手との人間関係がうまくとれるように、ヒトはミラーニューロンを働かせているようです。

3章
人間関係の生涯発達

　人間は晩成性の種であり，生まれたときには無力で，数カ月もしくは数年のあいだ，自分自身の力だけで生き残ることは困難です。生存するためには他者から世話をされる，すなわち養育されることが必要であり，他者からの養育行動を引き出し，それが保持される関係を築くことが必要となります。

　養育者との関係を築くために重要となるのが，特定の他者との親密な情緒的絆であるアタッチメント（愛着）です。アタッチメントは非力な乳幼児期だけでなく，生涯にわたる人間関係の形成および維持に機能するものでもあります。

　この章では，生涯発達において人間関係の形成・維持に機能するアタッチメントについて概観します。

1節　アタッチメント理論

1　アタッチメントとは

　アタッチメントとは，ボウルビィ（Bowlby）によって提唱された概念で，広義には特定の他者とのあいだに築く強い情緒的絆をさします。狭義には，危機的な状況に際して，あるいは潜在的な危機に備えて，特定の対象との近接を求め，それを維持しようとする個体（人間やその動物）の傾性とされます。

　ボウルビィがアタッチメントという概念を提唱する以前，乳児と養育者の近接関係は，個体が飢えや渇きなどの基本的欲求の充足（一次的動因の低減）のために他の個体に依存するようになる結果として，あくまで二次的に学習されると理解されていました（二次的動因説）（Dollard & Miller, 1950）。つまり，乳児は養育者の存在が重要であるために求め，近接を維持しようとするのではなく，生存のために必要な生理的諸条件を満たしてくれる存在が，結果的に養

育者であるにすぎないと考えられてきたのです。

　しかしボウルビィは，乳児が特定の対象との近接な関係を維持しようとするのは，他者への依存から二次的に派生するのではないと考えました。

　カモやガンなどの鳥の雛が，生後間もない時期に最初に出会った対象の後追いをする現象は広く知られています（図3-1）。これは「刻印づけ（インプリンティング：imprinting）」とよばれ，雛が親のそばに居続けることを確実にすることによって危険を回避し，生存可能性を高める機能をもちます。この現象は，栄養の充足状態など生理的諸条件が十分に満たされている状況でも起こります。つまり，雛が後追いをするのは，かならずしも基本的欲求の充足を求めて後追いを行っているのではないのです。ボウルビィはこれと同様のメカニズムが人間にも生得的に備わっているのではないかと考えました。乳児が特定の他者を求め，その対象との近接関係を維持しようとする傾性は，個体に生得的に組み込まれていて，その個体の生存・適応に不可欠な機能を果たしていると考えたのです。

図3-1　刻印づけされたカモとの散歩

　ボウルビィの仮説は，ハーロー（Harlow）によるアカゲザルの子ザルを対象とした一連の実験結果から，おおむね妥当なものとして認識されています。ハーローは生後間もないうちに母ザルから子ザルを引き離し，その子ザルを針金でできた代理母模型と，温かい毛布でできた代理母模型とがある状況下におき，その様子を観察しました（図3-2）。結果は，子ザルは針金製の模型よりも毛布製の模型を好み，針金製模型に寄り添って過ごすのは1日2時間以下であったのに対し，毛布製模型には1日18時間寄り添っていたというものでした。この傾向は，針金製模型からだけミルクを得ることができ，毛布製模型

a 布製と針金製の代理母親を利用したアカゲザルの子どものアタッチメント形成実験（Harlow et al., 1966）

b 恐れを感じたときに代理母親を安全基地として利用する様子（Harlow, 1958）

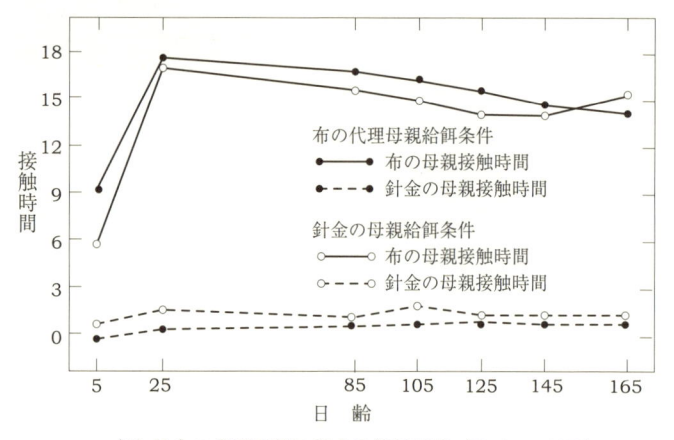

c 布と針金の代理母親に対する接触時間（Harlow, 1958）

図3-2　布製サルと針金製サルへの愛着

からはミルクが得られないという条件下でも同様にみられました。子ザルはミルクを飲みに行くとき以外は針金製模型には近づかず，大半の時間を毛布製の母親にしがみついて過ごし，時には毛布製模型を拠点としてさまざまな探索行動を行うことが観察されました。つまり，子ザルには安心感を与えてくれる存在に絶えずくっついていることが重要であったということです。

知覚能力も運動能力もきわめて未熟なヒトの乳児にとって，特定の対象との近接を維持し，その対象から保護や養育を引き出せなければ，捕食者に満ちた非常に危険な環境，ヒトがまだ狩猟採集生活を基本としていた時代では，ほとんど生き残ることができなかったのではないかと考えられます。そのため，ヒトの乳児にとってアタッチメント関係を築くことは生存に不可欠なことですが，移動能力は未熟であり，特定の他者に対して自分から近接して関係を形成することはできません。

しかし，乳児は他者を自分のもとに引き寄せ，自身との相互作用に引き込むためのいくつかのメカニズムを備えています。乳児の身体的特徴，未成熟な特性は，成人の養育行動を活性化させるものです。たとえば，からだの大きさに比べて大きな頭・大きな額・大きな目・丸い頬・平たい鼻・短い手足といった特徴（これらはベビースキームとよばれる）に対して，おとなはかわいらしいと思い，かかわりが誘発されます。また，乳児が示す，しがみつく・後追いする・泣く・微笑する・定位するといった一連の行動（アタッチメント行動）は，他の個体の関心を自らに引きつけ，他の個体からの保護を引き出すために進化してきたきわめて合理的な行動レパートリーとして理解することができます。乳児は受動的に待つだけの存在ではなく，能動的に近接できなくても，他者を自分のもとに引き寄せ相互作用に引き込むというかたちで，特定の他者とのあいだにアタッチメントを築いていくのです。このとき，おとなの側に適切に応じるためのある種の生得的なメカニズムが，ある程度備わっているということも，乳児の行動レパートリーが有効に機能するためには重要です。

2 アタッチメントの発達プロセス

アタッチメントは，他者によって受動的にもたらされる段階から能動的に築き上げる段階へと，また安全の感覚を実際にくっつく"物理的近接"によってのみ得られる状態から，イメージや主観的確信による"表象的近接"によっても部分的に得られる状態へと移行していきます。

ボウルビィは，乳幼児期のアタッチメントの発達について4つの段階を仮定しています（表3-1）。

表3-1　愛着行動の発達 (Bowlby, 1969)

第1段階：「人物の識別がともなわない定位と発信」(誕生から生後8～12週頃)

　人物を弁別する能力にまだ限りがあるので，主たる養育者，たとえば母親以外の対象に対しても広く愛着行動を向ける。その具体的な行動レパートリーは，追視，リーチング，微笑，泣き，発声，喃語などで，人の顔や声を知覚するとすぐに泣きやむというようなことも多い。

第2段階：「1人または数人の特定対象に対する定位と発信」(12週頃～6カ月頃)

　行動レパートリーそのものは第1段階からそのまま引き継がれているが，それを向ける対象が1人か数人の人物（多くの場合母親）に絞り込まれる。視覚的にも，聴覚的にも，その特定人物の特徴を弁別的に知覚し，その対象とのあいだで際立って親密な相互交渉を展開するようになる。

第3段階：「発信および移動による特定対象への近接の維持」(6カ月頃～2, 3歳)

　この時期はさらに特定対象に対する選好が強まり，いわゆる"人見知り"や"分離不安"が顕在化してくる。家族などの見慣れた対象は2次的な愛着対象となりうるものの，見知らぬ人の働きかけに対してはかたくなに応じない，あるいはむしろ恐れと逃避の反応を示すというようなことも生じ始める。運動能力が急速な高まりをみせ，はいはいや歩行などによる移動が可能となるため，愛着行動のレパートリーもさらに多様化する。離れていく母親の後追いをしたり，戻ってきた母親にかけより抱きついたり，母親を安全基地として探索行動をしたり（母親と玩具などの目当ての対象とのあいだを行きつ戻りつしながら安心して遊ぶ）と前段階にはない行動がみられるようになる（能動的身体接触行動が顕著に増加する）。また認知能力の発達により，母親などの特定対象の行動や自分の置かれた状況に合わせて，自分の行動プランをある程度意図的に調整・変更できるようになる。もっとも，この段階ではまだ他者の感情や動機を十分にくみとることが困難なため，そうした行動の調整も自ずと限りがあるといえる。

第4段階：「目標修正的な協調性の形成」(3歳前後～)

　特定対象と自分（との関係）に関する認知的なモデル（表象モデルあるいは内的作業モデル）が安定したかたちで機能するようになり，たとえ絶えず近接していなくても，その対象は自分のところへかならず戻ってきてくれる，何かあったらかならず助けてくれるという確信をもてるようになる。また，愛着対象が自分とは異なる意図や感情をもった存在であるということに気がつき始め，そのうえでその対象の行動をある程度予測できるようになる。すなわち，この段階になると，子どもは，自分と愛着対象相互の感情や意図の一致・不一致を敏感に察知し，それに応じて行動目標を適宜柔軟に修正することができるようになる。そして，結果的に愛着対象はしだいに影をひそめ，愛着対象そのものの存在ではなく，内在化した愛着対象のイメージ，モデルをこころのよりどころ，安心感の源泉として，特定の愛着対象以外，あるいは家庭外の人物，仲間と幅広く相互作用することができるようになる。

3 アタッチメントの個人差
1）アタッチメントの個人差の測定
　アタッチメントの一般的な発達のプロセスは表3-1で示したとおりですが，個人レベルでみてみると，個々それぞれに異なる様相がみられます。生育環境，生得的個性によって，特定の他者への近接パターンや関係スタイルには，時間的な差異ではない質的な差異が生み出されます。それは，その後の対人関係スタイルやパーソナリティへと発展すると考えられます。

　エインズワース（Ainsworth）らは，こうしたアタッチメントの個人差を把捉する理論的枠組みを整理・構築し，それを実験的に測定する手法として「ストレンジ・シチュエーション法（Strange Situation Procedure:：以下 SSP）」を考案しました。彼女はストレスに対する対処方略の質的な差異をアタッチメントの個人差とみなし，ストレスフルな状況下で，乳幼児がアタッチメント対象（近接の主たる対象）に対して，どのようなアタッチメント行動を示すのか，そのアタッチメント対象を安心感の得られる源（安全基地）としていかに利用できるかどうかということを，有効な指標と考えたのです。

　SSPは，生後12〜18カ月における乳幼児を新奇な状況（実験室）に導入し，見知らぬ人（ストレンジャー）に対面させたり，養育者と分離させたりすることによってストレスを与え，そこでの乳児の反応が組織的に観察される実験的方法であり，8つの場面で構成されています（図3-3）。乳幼児のアタッチメントは，①乳児が養育者に対して近接を求める行動，②近接を維持する行動，③近接や接触に対する抵抗行動，④近接や相互交渉を回避しようとする行動，⑤（実験室から退出した）養育者を探そうとする行動，⑥距離をおいての相互交渉，の6つの観点から評定されますが，これらの行動が全体としていかに組織化されているかという点が重視されます。エインズワースは，とくに，養育者との分離場面における乳児の行動パターンと，再会場面における行動パターンの組み合わせによって，アタッチメントの質をAタイプ（回避型，avoidant）・Bタイプ（安定型，secure）・Cタイプ（抵抗／アンヴィバレント型，resistant/ambivalent）に分類しています。

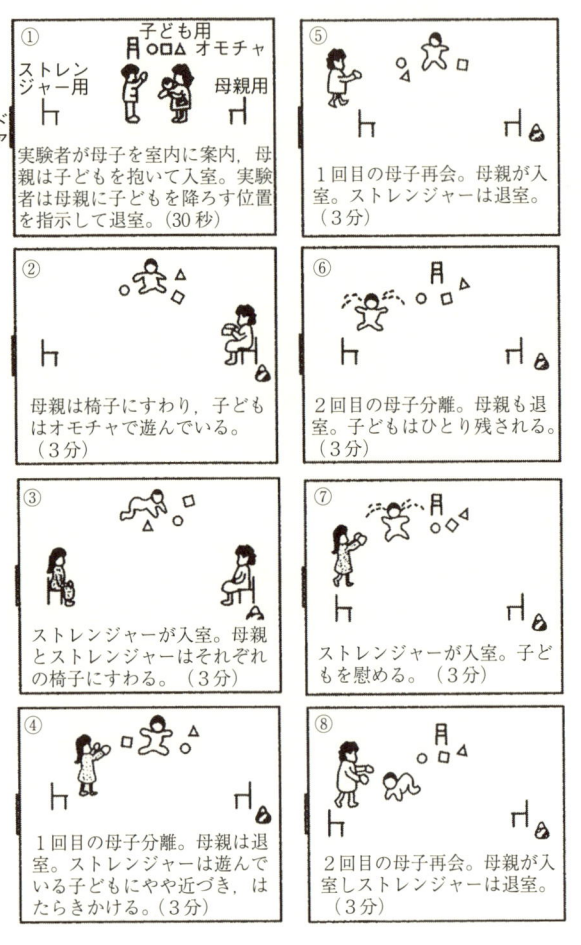

図3-3 ストレンジシチュエーションの8場面（繁多，1987）

2）アタッチメントの類型

　SSPによって分類される3つのタイプの分離・再会場面の特徴として，Aタイプは，分離場面での不安・混乱があまりみられません。再会場面では養育者を喜んで迎え入れる様子が乏しく，養育者を避けようとするような行動がみられます。Bタイプは，分離時に多少の不安・混乱を示しますが，再会時には積極的に近接・身体接触を求め，不安・混乱状態からの回復が容易です。Cタ

表3-2 実験的観察場面に現れる3つの愛着タイプの特徴 (Ainsworth, 1978)

タイプ		子どもの行動・状態の特徴
安定した愛着	Bタイプ	養育者を安全基地として探索する。 分離後の再会時に、養育者との接触・相互作用を積極的に求める。
不安定な愛着	Aタイプ 不安・回避型	養育者に構わずに、勝手に探索する。 分離後の再会時に、養育者を積極的に避ける。
	Cタイプ 不安・抵抗型	養育者から離れにくく、探索行動が少ない。 分離後の再会時に、攻撃、泣きなどを示す。

イプは、分離場面で非常に強い不安・混乱を示します。再会場面では養育者に強く身体接触を求めていきますが、その一方で激しい怒りを示し、たたくなどの抵抗的態度を示すといった近接と抵抗という両価的な態度がみられます。また、アタッチメント対象を安全基地として利用可能か（情緒的利用可能性）という点でみてみると、AタイプとCタイプは安全基地として利用することができません。そのため、Aタイプは養育者とかかわりなく行動することが多く、Cタイプは養育者にくっついていることが多いなど、いずれも実験室内を安心して探索行動をすることができません。Bタイプはアタッチメント対象を安全基地として利用可能であり、養育者を活動拠点として積極的に探索行動できます。AタイプとCタイプは一括して不安定型、Bタイプは安定型と総称されることもあります（表3-2）。

アタッチメントタイプについて、サギら（Sagi et al., 1991）は、SSPを用いた研究で異文化間（アメリカ・イスラエル・日本・ドイツ）の差異を報告しています。それによると、アメリカの乳幼児はAタイプが17％、Bタイプが71％、Cタイプが12％で、これはエインズワースらの結果と類似していました。そのほか、イスラエルの乳幼児はAタイプが5％、Bタイプが62％、Cタイプが33％、日本の乳幼児はAタイプがほとんどみられず、Bタイプが68％、Cタイプが32％、ドイツの乳幼児はAタイプが49％、Bタイプが40％、Cタイプが11％でした（図3-4）。イスラエルと日本はCタイプの比率が高く、ドイツはAタイプの比率が高くみられました。このような文化間の差は、SSPのような状況によって引き起こされるストレスの強さが文化に

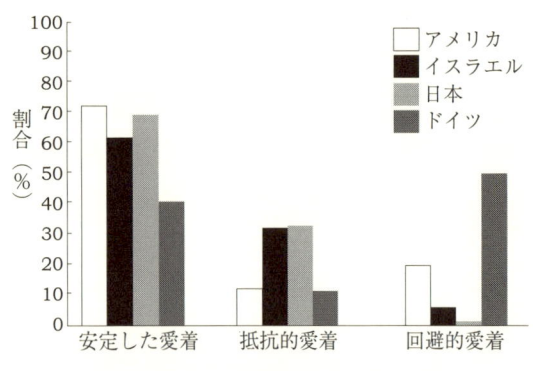

図 3-4　文化差の図 (Sagi *et al.*, 1991)

に出会うことはほとんどありません。また，日本の子どもは，母親から離される経験が比較的少ないといえます。一方，ドイツは，親と子どもが距離をとることを要求される文化であることが指摘されています。このように養育者との分離経験が日常的に多い文化とそうでない文化の違いが，乳幼児のストレスの喚起や対処行動に反映されている可能性があると考えられます。

　A・B・Cの3タイプはアタッチメントの基本分類ですが，近年，この3つのタイプのいずれにも分類されない（分類不可能な）タイプの存在が指摘されています。新たなアタッチメントタイプであるDタイプ（無秩序・無方向型（disorganized/disoriented））です。その特徴は，突然のすくみ（freezing），顔をそむけた状態での養育者への近接，再会時に養育者にしがみついたかと思うとすぐに床に倒れ込んでしまうなど，乳幼児の不可解な行動パターンにあります（Main & Solomon, 1990）。Aタイプは情動表出を一貫して抑制することで，Cタイプは情動表出を一貫して最大限にすることで，養育者の関心を自身に引きつけ，近接を維持しようとしていると考えると，いずれも整合的かつ組織化されたアタッチメントタイプといえます。しかし，Dタイプは行動の一貫性に欠け，全体的に組織立っていない（disorganized），あるいは行動の方向性がみえない（disoriented）という印象を受けるといいます。

　エインズワースは，SSPと家庭での母子相互作用の観察を行い，養育者の敏感性，かかわり方をアタッチメントのタイプ別に検討し，それぞれの特徴を見出しています（表3-3）。Aタイプの子どもをもつ養育者は，拒絶的・ネガ

表3-3 アタッチメントタイプの行動特徴と養育者のかかわり方 (Ainsworth)

	ストレンジ・シチュエーションにおける子どもの行動特徴	養育者の日常のかかわり方
Aタイプ（回避型）	養育者の分離に際し，泣いたり混乱を示すということがほとんどない。再会時には，養育者から目をそらしたり，明らかに養育者を避けようとしたりする行動がみられる。養育者が抱っこしようとしても子どものほうから抱きつくことはなく，養育者が抱っこするのをやめてもそれに対して抵抗を示したりはしない。養育者を安全基地として（養育者と玩具などのあいだを行きつ戻りつしながら）実験室内の探索を行うことがあまりみられない（養育者とはかかわりなく行動することが相対的に多い）。	全般的に子どもの働きかけに拒否的にふるまうことが多く，他のタイプの養育者と比較して，子どもと対面してもほほえむことや身体接触することが少ない。子どもが苦痛を示していたりすると，かえってそれをいやがり，子どもを遠ざけてしまうような場合もある。また，子どもの行動を強く統制しようとする働きかけが多くみられる。
Bタイプ（安定型）	分離時に多少の泣きや混乱を示すが，養育者との再会時には積極的に身体接触を求め，容易に静穏化する。実験全般にわたって養育者や実験者に肯定的感情や態度をみせることが多く，養育者との分離時にも実験者からの慰めを受け入れることができる。また，養育者を安全基地として，積極的に探索活動を行うことができる。	子どもの欲求や状態の変化などに相対的に敏感であり，子どもに対して過剰あるいは無理な働きかけをすることが少ない。また，子どもとの相互交渉は，全般的に調和的かつ円滑であり，遊びや身体接触を楽しんでいる様子が随所にうかがえる。
Cタイプ（アンヴィバレント型）	分離時に非常に強い不安や混乱を示す。再会時には養育者に身体接触を求めていくが，その一方で怒りながら養育者を激しくたたいたりする（近接と怒りに満ちた抵抗という両価的な側面が認められる）。全般的に行動が不安定で随所に用心深い態度がみられ，養育者を安全基地として，安心して探索活動を行うことがあまりできない（養育者に執拗にくっついていようとすることが相対的に多い）。	子どもが送出してくる各種アタッチメントのシグナルに対して敏感さが相対的に低く，子どもの行動や感情状態を適切に調整することがやや不得手である。子どもとのあいだで肯定的な相互交渉をもつことも少なくないが，それは子どもの欲求に応じたものというよりも養育者の気分や都合に合わせたものであることが相対的に多い。結果的に，子どもが同じことをしても，それに対する反応が一貫性を欠くとか，応答のタイミングが微妙にずれるといったことが多くなる。
Dタイプ（無秩序・無方向型）	近接と回避という本来ならば両立しない行動が同時的に（たとえば顔をそむけながら養育者に近づこうとする）あるいは継時的に（たとえば養育者にしがみついたかと思うとすぐに床に倒れ込んだりする）みられる。また，不自然でぎこちない動きを示したり，タイミングのずれた場違いな行動や表情をみせたりする。さらに，突然すくんでしまったりうつろな表情を浮かべつつじっと固まって動かなくなってしまったりするようなことがある。総じてどこへ行きたいのか，何をしたいのかが読みとりづらい。時折，養育者の存在におびえているような素振りをみせることがあり，むしろはじめて出会う実験者等により自然で親しげな態度をとるようなことも少なくない。	Dタイプの子どもの養育者の特質に関する証左はまだかならずしも多くはないが，Dタイプが被虐待児や抑うつなど感情障害の親をもつ子どもに多く認められることから以下のような養育者像が推察されている。（多くはトラウマ体験などの心理的に未解決の問題をかかえ）精神的に不安定なところがあり，突発的に表情や声あるいは言動一致に変調を来し，パニックに陥るようなことがある。言い換えれば子どもをひどくおびえさせるような行動を示すことが相対的に多く，時に，通常一般では考えられないような（虐待行為を含めた）不適切な養育を施すこともある。その一方で，通常はおとなしく，子どもに粗暴なふるまいを示すこともほとんどないが，ストレスに対してきわめて脆弱で無気力に浸りやすく，情緒的に引きこもりやすい養育者像も想定されている。

ティブな情動表出・身体接触嫌悪といった特徴をもち，Cタイプの子どもをもつ養育者は，行動の一貫性の欠如・行動の予測困難といった特徴が示されています。Bタイプの子どもをもつ養育者は，敏感性が高く，行動が一貫していることが示されています。

4 アタッチメントの個人差とその規定要因

アタッチメントの個人差の源はどこにあるのでしょうか。アタッチメントは子どもと養育者の相互交渉によって形成されるものであるため，その個人差はどちらか一方に起因するのではなく，子どもと養育者の両方の要因を考える必要があります。

1）養育者の要因——感受性・応答性

ボウルビィおよびエインズワースは，養育者の感受性（sensitivity）と応答性（responsiveness）がアタッチメントの個人差を生み出す要因であると仮定しました。つまり，養育者が日常生活において子どもからの働きかけをどれくらい敏感に受けとめられるか，また，いかに適切に応答できるかということが，アタッチメントの質を分けるというのです。

エインズワースら（1978）は，SSPと家庭での母子相互作用の自然観察から，各タイプの子の養育者の特徴を示しています。

　　Aタイプ（回避型）　　子どもの働きかけに対して拒否的なことが多く，子どもに対する微笑みや身体接触が少ない。子どもは働きかけを受け入れてもらうことが少なく，近接を求めることによってむしろ養育者が離れていく傾向があるため，養育者との距離をある程度とるようになると考えられます。つまり，アタッチメントのシグナルを表出しても，それが無駄になるか，養育者を遠ざけることになるため，そうした養育環境に適応するには回避的な行動が有効ということになります。

　　Cタイプ（抵抗／アンヴィバレント型）　　子どもの働きかけに敏感に反応することが少なく，反応は一貫性に欠ける，あるいは応答のタイミングのずれることが多い。反応に一貫性がないため，子どもは近接を維持するための方略が立てられず，また養育者の行動の予測がつかないため，つねに養育者

の行動を気にしておく必要があり,安心して探索行動することが難しいです。そのため子どもは,養育者の関心を引くために,過剰なまでにアタッチメントのシグナルを送り続けるのだと考えられます。また,養育者がいついなくなるかわからないという不安から,それに対抗するための行動として,近接を求めながら反抗的な態度を示すのだと考えられています。

Bタイプ(安定型) 子どもの状態や働きかけに敏感に反応し,子どもとの遊びや身体接触を楽しむ傾向がみられます。応答性が一貫しているため,子どもは養育者の行動を予測しやすく,自分の要求に答えてもらうための方略が立てやすいです。また,困ったときには助けてもらえるという確信をもつことができているため,安心して探索行動することができるのだと考えられます。

Dタイプ(無秩序型) このタイプに関しては,メインとヘッセ(Main & Hesse, 1990)によると,養育者が突然行動に変調をきたしたり,パニックになることがあるといいます。その原因が客観的に明確なものではなく,養育者自身の記憶や思考によるものであるため,子どもにとっては原因の予測が不可能であり,不可解であるため,恐怖をもたらす可能性があります。本来,不安や恐怖から回避するために利用されるべき安全基地である愛着対象が,恐怖の源となるわけです。子どもはその状況に対して対処することができず,結果的に無秩序なアタッチメント行動が生じるのではないかと推測されています。

2) 子どもの要因——気質

子ども自身が生得的にもっている行動特徴である気質(temperament)が,アタッチメントの個人差に反映されるという主張もあります。いくつかの研究の総括からAタイプおよびCタイプの気質的特徴は以下のとおりです。

Aタイプ(回避型) 怖がりやすさ(fearfulness)という気質傾向が低い,つまり,新奇な場面においてもあまり不安になりません。そのためSSPの分離場面においても不安や恐れを感じず,再会場面で養育者に慰めを求める必要がないことから,回避傾向が強いAタイプと判断されるのだと考えられます。

Cタイプ（抵抗／アンヴィバレント型）　　怖がりやすさが高い，あるいはいらだちやすさ・ぐずりやすさ（irritability）が高い。SSPは不安や恐れを喚起させるような場面が設定されたものであり，不安や恐れを喚起しやすい特性が重なれば，必然的に危機的状況に対する対処方略であるアタッチメント行動が最大限に強く表出されるのは当然です。分離場面で苦痛を激しく表出し，それが長く持続することによって，再会場面ではなかなか静穏化せず，その結果，一連の行動がCタイプと判断されると考えられます。

　研究結果にはばらつきがあり，気質とアタッチメントの関係性が明確に示されているとはいえません。しかし，気質のみがアタッチメントの個人差を規定しているわけではないものの，アタッチメントの質の差異に子どもが生得的にもっている反応傾向が影響することは否定できないでしょう。

3) 養育者の要因と子どもの要因の相互作用

　アタッチメントの個人差には，養育者の要因と子どもの要因が相互規定的に関与しているといえます。どのように規定しているのか，これに関する代表的なモデルとして，以下のものがあげられます。

- ①相加（additive）モデル　　養育者のかかわり方と子どもの気質が加算的に規定するとするモデル。
- ②直交（orthogonal）モデル　　子どもの気質と養育者の行動に相関はないとして，それぞれが独立に影響をおよぼすとするモデル。
- ③緩和・調整（moderator）モデル　　アタッチメント形成における子どもの気質の影響は養育者の感受性によって調整される，すなわち，養育者の感受性と子どもの気質の組み合わせによってアタッチメントの質が規定されるとするモデル。
- ④媒介（mediator）モデル　　子どもの気質が養育者の行動に影響をおよぼし，その結果アタッチメントが規定されるとするモデル。

　こうした養育者と子どもの相互作用は，家庭の経済状態や夫婦関係，ソーシャルサポート，子ども観，子育て観などの多様な要因の影響を受けます。アタッチメントの質は，個体（子ども）と他の個体（養育者）と両者を包括した環境が絶えずダイナミックにかかわり合った産物と考えられます。ブロンフェ

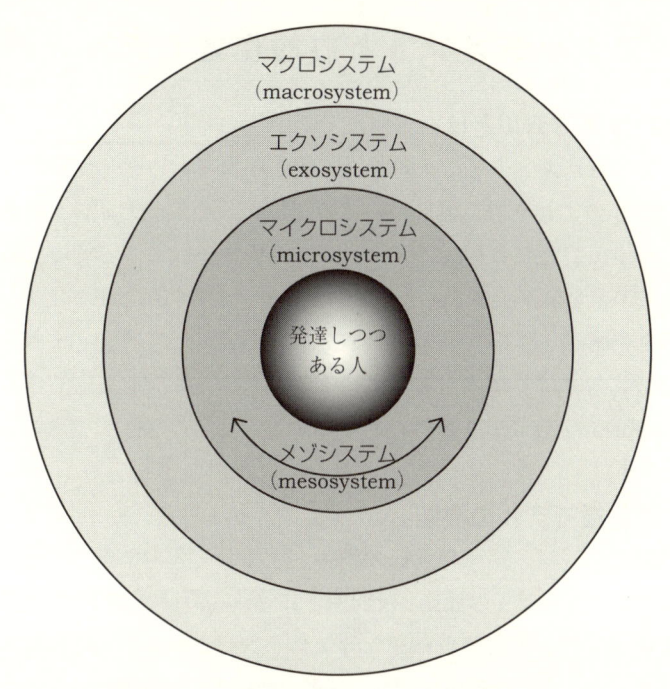

図3-5 生態学的環境 (Bronfenbrenner, 1979)

ンブレンナー (Bronfenbrenner, 1979) は，個人をとりまく環境構造についてマイクロシステム（直接経験する相互作用：親子関係・家族関係・友人関係など），メゾシステム（マイクロシステム内にある相互作用同士の相互関係：家族の相互関係など），エクソシステム（直接的に経験する相互作用ではないが，影響をおよぼす要因：両親の職場・両親の友人ネットワークなど），マクロシステム（文化・信念体系）の4つのシステムを仮定し，これらを入れ子構造のように考えました（図3-5）。彼は人間の発達を理解するうえで，各システム間の複雑な相互作用とそれらが個人の発達におよぼす多層的な影響を重視しています（生態学的アプローチ）。こうした視点からも，アタッチメントの形成要因を考えることは有益でしょう。

2節 アタッチメントと内的作業モデル

1 内的作業モデルとは

ボウルビィによると，子どもは発達初期の養育者との相互作用の経験の蓄積から，自分のまわりの世界についての認識や，アタッチメント対象についてのイメージ，自己についてのイメージ，関係性一般についての主観的なイメージのモデルを構築します。そして，そのモデルを利用して，出来事を知覚し，未来を予測し，自分の行動の計画を立てます。こうした自己や他者および関係性一般に対して，個人がもつ主観的確信やイメージを「内的作業モデル（internal working model）」といいます。

2 内的作業モデルの機能

内的作業モデルは，情報の選択（排除），すなわち入力情報の処理における選択的フィルターとしての機能と，記憶されている情報のよび出しを制御する機能をもち，自己と他者の行動をシミュレートし，多様な行動の選択肢をシミュレートして自己の行動のプランニングを助けます。初期の母子の相互作用をとおして構築され，アタッチメント対象の行動を予測し，自らの行動を導くという役割を果たしますが，特定のアタッチメント対象との関係に対してだけではなく，後のさまざまな対人関係や新たな経験に際しても適用され，その役割を果たします。

モデルにおける情報は，実際の経験，他者からの伝達，抽象一般化された表象です。モデルは1つに限定されたものではなく，適宜，更新あるいは修正されて現実に即したモデルであることが必要とされます。多様な内的作業モデルを活用すること，適切な更新・修正が行われることが適応行動をガイドするために重要とされています。

3 アタッチメントの世代間伝達と内的作業モデル

アタッチメントの個人差を形成する要因として，養育者の養育行動，子どもとの相互作用のあり方があげられますが，そうした養育者の行動を規定する要因として，養育者自身の被養育経験，および表象レベルでのアタッチメントの

質が考えられています。すなわち，アタッチメントの世代間伝達です。

　乳幼児のアタッチメントの個人差を測定する代表的な方法は，SSPという行動観察法ですが，成人期におけるアタッチメントの個人差を測定する方法としては，メインら（1984）によって考案されたアダルト・アタッチメント・インタビュー（Adult Attachment Interview：以下 AAI）という半構造化された面接手法があります。この方法は，養育者との関係について子ども時代を想起して語ってもらうというものであり，個人のアタッチメントシステムを

表3-4　AAI 実施要項の要約（Hesse, 1999をもとに作成）

1. はじめに，私にあなたの家族のことを少し説明していただけますか。たとえば，家族構成や住んでいた場所など。
2. 思い出せるかぎり昔にさかのぼって，子どもの頃のご両親との関係を話してください。
3. 子ども時代のお母様との関係を表すような形容詞や語句を5つあげてください。私がそれらを書き留めて，5つそろったら，それらのことばを選ぶに至った思い出や経験をおたずねします。
4. （父親についての同様の質問）
5. どちらの親御さんをより親密に感じましたか。理由は。
6. 子ども時代に動揺したとき，あなたはどのようにしましたか。どうなりましたか。情緒的に動揺したときの具体的な出来事を話していただけますか。けがをしたときは。病気のときは。
7. ご両親との最初の分離についてお話しください。
8. 子ども時代，拒絶されたと感じたことはありましたか。あなたはどのように反応しましたか。ご両親は拒絶したことを気づいていたでしょうか。
9. ご両親があなたをおびやかしたことはありましたか。しつけや冗談で。
10. あなたの幼い頃の経験全体は，どのようにおとなとしてのあなたに影響しているでしょうか。成長の妨げになったと思われるようなことはありますか。
11. ご両親が，あなたの幼い頃，そのようにふるまったのはなぜだったのでしょうか。
12. 子ども時代，親のように親密であったおとなはほかにいましたか。
13. ご両親，あるいはほかの親密な人を，子ども時代に亡くされた経験はありますか。おとなになってからは。
14. 子ども時代とおとなになってからでは，ご両親との関係に多くの変化はありましたか。
15. 現在，あなたにとって，ご両親との関係はどのようなものですか（もしすでにお子さんをおもちであれば，あなたの育てられ方が，あなたご自身の子育てにどう影響していると思いますか）。

※ AAI は，このように手短に修正されたプロトコルの要約にもとづいて実施できるものではない。この表の内容においては，いくつかの質問項目や重要な追加の確認質問（probes）が省略されている。

活性化するよう一連の質問が順番に行われます（表3-4）。その語りについて，語りの内容と語り方が評定され，最終的に，アタッチメント軽視（拒絶）型（dismissing/detached type）・安定自律型（secure autonomous type）・とらわれ（纏綿(てんめん)）型（preoccupied/enmeshed type）・未解決型（unresolved type）のいずれかに分類されます（表3-5）。

表3-5　AAIによって分類される各アタッチメントタイプの特徴
(Main & Goldwyn, 1984 ; Main & Hesse, 1990 ; Hesse, 1999)

アタッチメント軽視（拒絶）型（dismissing/detached type）：
自分の人生におけるアタッチメント関係の重要性や影響力を低く評価するタイプ。表面的には自分の親のことを理想化し，肯定的に評価したりもするが，親との具体的な相互作用やエピソードについてはほとんど語ることがなく，潜在的に，親あるいは他者との親密な関係を避けようとしていることがうかがえる。理論的に，乳児期におけるAタイプ（回避型）に相当するものとされる。
安定自律型（secure autonomous type）：
過去のアタッチメント関係が自分の人生や現在のパーソナリティに対してもつ意味を深く理解しているタイプ。自分のそれまでのアタッチメント関係の歴史を肯定的な面，否定的な面をあわせて，整合一貫したかたちで語ることができる。他者および自分を深く信頼しており，対人関係は全般的に安定している。理論的に，乳児期におけるBタイプ（安定型）に相当するものとされる。
とらわれ（纏綿）型（preoccupied/enmeshed type）：
自分のアタッチメント関係の歴史を首尾一貫したかたちで語ることができず（語る内容に矛盾が認められ），自分の過去，とくに親が自分に対してとった態度等にいまだに強いこだわりをもっている（深くとらわれている）タイプ。自分の親について語る際に，時に激しい怒りを示すことがある。他者との親密な関係を切望する一方で，自分が嫌われるのではないか，見捨てられるのではないかという不安をいだいており，対人関係は全般的に不安定なものになりがちである。理論的に，乳幼児おけるCタイプ（アンヴィバレント型）に相当するものとされる。
未解決型（unresolved type）：
過去にアタッチメント対象の喪失や被虐待などのトラウマ体験を有し，それに対していまだに葛藤した感情をいだいている（心理的に解決できていない），あるいは"喪（mourning）"の過程から完全に抜け出ていないタイプ。時に発話のなかに非現実的な内容が入り交じる（たとえば，死んでしまった人がまだ生きているかのように話すなど）ことがある。理論的に，乳児期におけるDタイプ（無秩序・無方向型）に相当するものとされる。

AAI によって分類される類型は，SSP における類型に対応すると仮定されています。すなわち，アタッチメント軽視型は A タイプ（回避型），安定自律型は B タイプ（安定型），とらわれ型は C タイプ（抵抗 / 回避型），未解決型は D タイプ（無秩序型）に相当します。

アタッチメントの世代間伝達の研究は，養育者のアタッチメントの質と子どものアタッチメントの質の対応を検討することによってなされています。具体的には，子どもの SSP における分類結果と養育者の AAI における分類結果が，どれくらいの確率で一致するかが焦点となります（SSP と AAI の一致とは，AAI と SSP とのあいだに仮定されている対応関係に同じ）。そうした世代間伝達に関する研究のメタ分析から，養育者のアタッチメントの質が乳幼児のアタッチメントの質を予測することが報告されています。

アタッチメントの世代間伝達については，以下のようなメカニズムが仮定されています。

アタッチメント軽視型（A タイプに相当）　このタイプの養育者は，アタッチメントについての不快な記憶が活性化されないように，子どもの示すネガティブなアタッチメントシグナルを知覚しないようにふるまいます。つまり，子どものアタッチメント行動のうち，都合の悪いシグナルについては反応せず，選択的な反応を行うのです。そうした養育者の行動に対応するために子どもは，アタッチメント行動を抑制することで近接を維持しようとします。これが繰り返されることで回避的な行動パターンが固定化し，内的作業モデルも回避的なものが形成されやすいと考えられます。

安定自律型（B タイプに相当）　このタイプの養育者は，アタッチメントに関するポジティブな記憶にもネガティブな記憶にもアクセスすることができ，子どものどのようなアタッチメント行動も受容できます。その結果，養育者の行動は子どもにとって予測可能なものとなり，情緒的利用可能性に対して確信をもつことができ，内的作業モデルは安定したものとなります。

とらわれ型（C タイプに相当）　このタイプの養育者は，自身のアタッチメントに関する記憶が統合的ではなく，そのため子どものアタッチメント行動によって活性化される記憶が多様であり，時には矛盾するような記憶の場合もあります。そのため，子どもに対するかかわりに一貫性がなく，子ども

にとっては予測不可能な行動となります。子どもは，そうした予測不可能な養育者の行動に対応するために，つねに養育者の存在に注意を払っている状態となり，いつ対応してくれるかわからない養育者に対して，自身のアタッチメント行動を最大限に表出することになります。そして，内的作業モデルは，養育者の存在にとらわれたものとなります。

　未解決型（Dタイプに相当）　このタイプの養育者は自身の外傷的な記憶が活性化されることで，時に突然のパニックや，子どもに対する虐待をともなってしまうこともあります。そうした養育者の様子は，子どもにとって怯えさせられる経験です。安全基地である養育者の存在が，危機を与えるものとなることは，子どもにとって近接と回避の葛藤状態となり，組織化されないアタッチメントが発達することになります。この状況が持続すれば内的作業モデルも組織化されないものとなります。

3節　アタッチメントと生涯発達

1　アタッチメントの連続性

　アタッチメントは，乳幼児と養育者との関係の部分が注目されますが，ボウルビィは生涯発達に関する総合理論としてアタッチメント理論をとらえていました。アタッチメントの機能は，危機によって生じたネガティブな情動を低減させ，個体に安全の感覚をもたらすことにあり，それは生涯にわたって続くものです。

　乳児期から幼児期・児童期をとおしてのある縦断研究では，乳児期にアタッチメントが安定していた子どもは，幼児期に共感的な行動が多く，自己評価や情緒的健康度が高く，児童期にも情緒的健康度，自己評価の得点が高いことが明らかにされています。つまり，乳児期に形成されたアタッチメントがパーソナリティの発達に影響する可能性が示唆されているのです。また，乳児期におけるアタッチメントがその後の仲間関係に影響を与えることが示されている研究もあります。

　乳幼児期から児童期において，主たるアタッチメント対象は養育者ですが，思春期にはアタッチメントを形成する対象が友人（異性の友人を含む）に移行

します。また，恋人が養育者に置き換わり，情緒を安定させる対象となっていきます。乳幼児期における子どもと養育者との関係と類似の機能が，恋愛関係にあるという考えもあります。

2 アタッチメントと適応

　ボウルビィは，乳児が養育者を安全基地として利用することができ，安心して探索行動できるようなアタッチメントスタイルが，もっとも適応的であり，このパターンからの逸脱は，古代の環境においては生存可能性が低く，現代においては心理的不適応を起こすと主張しました。乳幼児期に安定したアタッチメントをもつとされた子どもや青年のほうが，不安定なアタッチメントをもつ子どもより，よい社会的・認知的機能をもつことが縦断研究によって示されています。

　アタッチメントスタイルは，初期の家庭環境の影響を受けていますが，家庭環境の経験は後の繁殖戦略にも影響をおよぼすことが，ベルスキー，スタインバーグ，ドレイパー（Belsky, Steinberg & Draper, 1991）によって主張されています。彼らによると，乳幼児期の家庭環境の初期経験には，子どもが自身の生活環境にある資源の利用可能性と予測可能性，他者への信頼性，親密な対人関係の持続といったことを理解させるという進化的機能があり，後にどの程度繁殖に力を注ぐかに影響するといいます。具体的には，ストレスの低い安定した家庭の子どもと，ストレスの高い不安定な家庭の子どもがたどる道筋として，前者は思春期が遅く，より安定した男女関係を築くようになるのに対し，後者は思春期の成熟が早く，不安定な男女関係をもつようになるというのです（図3-6）。

　ベルスキー（1997）の「アタッチメントの生活史理論（life history theory of attachment）」によると，アタッチメントタイプの違いは特定の環境における適応的繁殖戦略の違いとみることができます。主要な3つのアタッチメントスタイルは次のように説明されています。

　　Aタイプ（回避型）　このタイプの子どもは，親との分離場面で混乱せず，再会しても喜びを示さないといったように，他者に対して無関心です。こうした行動特徴についてベルスキーは，利用可能な資源が乏しく，他者

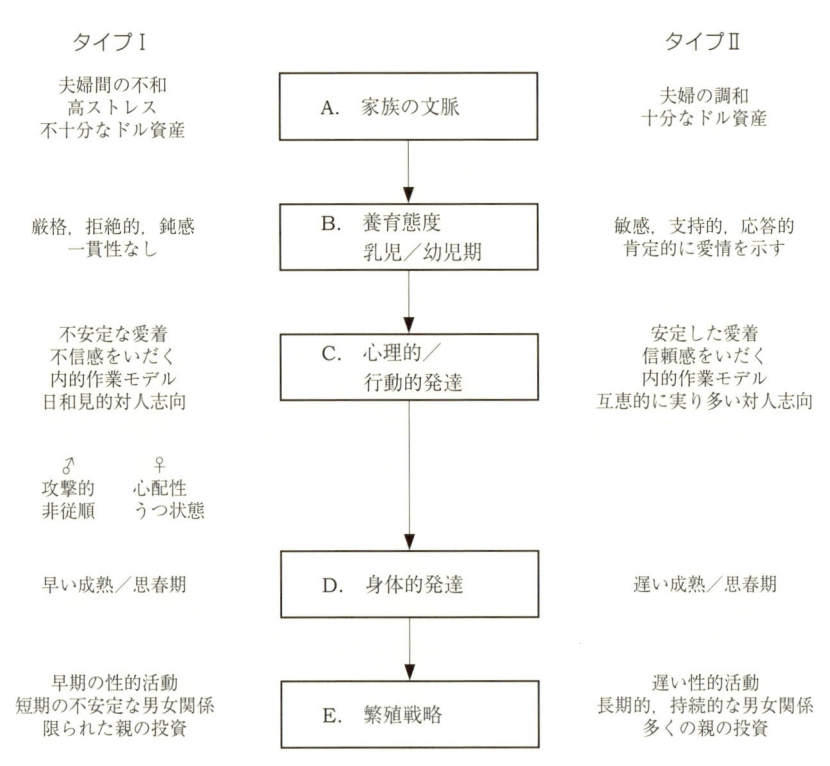

```
       タイプⅠ                                          タイプⅡ
    夫婦間の不和         ┌─────────────┐        夫婦の調和
    高ストレス           │ A.  家族の文脈 │        十分なドル資産
    不十分なドル資産      └─────────────┘
                              │
                              ▼
    厳格，拒絶的，鈍感    ┌─────────────┐        敏感，支持的，応答的
    一貫性なし           │ B.  養育態度   │        肯定的に愛情を示す
                        │   乳児／幼児期 │
                        └─────────────┘
                              │
                              ▼
    不安定な愛着         ┌─────────────┐        安定した愛着
    不信感をいだく        │ C.  心理的／   │        信頼感をいだく
    内的作業モデル        │   行動的発達   │        内的作業モデル
    日和見的対人志向      └─────────────┘        互恵的に実り多い対人志向

       ♂      ♀
    攻撃的  心配性
    非従順  うつ状態
                              │
                              ▼
    早い成熟／思春期      ┌─────────────┐        遅い成熟／思春期
                        │ D.  身体的発達 │
                        └─────────────┘
                              │
                              ▼
    早期の性的活動        ┌─────────────┐        遅い性的活動
    短期の不安定な男女関係 │ E.  繁殖戦略   │        長期的，持続的な男女関係
    限られた親の投資      └─────────────┘        多くの親の投資
```

図3-6　繁殖戦略の2つの発達的道筋（Belsky, Steinberg & Draper, 1991）

が信頼できないような状況においては，将来的な繁殖適応度（reproductive fitness）を高めることよりも，今現在の適応度を高めるほうが有意義と説明しています。つまり，目の前に適応的な状態を作り出すことのほうが重要であるため，苦痛を避けるためには他者と深くかかわらないほうがよいことから，他者に対して無関心という行動パターンをとるというのです。

　Cタイプ（抵抗型）　このタイプの子どもは，非常に依存的であり，母親からの注目を求め，他者の慰めを受け入れるのが困難です。ベルスキーはこうした行動特徴をもつ子どもは，将来，自身は子どもをもたないことを選択するといった，繁殖戦略として無駄な戦略をとると指摘しています。このことは個体にとっては自身の遺伝子を残さないという点で適応的な戦略とはいえません。しかし，遺伝子を残すためにかならずしも自身が繁殖する必要

はありません。きょうだいは50％，いとこは25％の遺伝子を共有しているため，血縁の近い個体の子どもを世話することで，結果的に自身の包括適応度を上げることができるのです。

　Bタイプ（安定型）　このタイプの子どもの親は，多くの子どもを育てるよりも少数の子どもに対して多くの時間や労力，資源を注ぐといった養育スタイルであることが指摘されています。子どもの数を少なくすることで時間や資源が分散されることなく，多くの投資（質の高い養育）を可能にしているのです。親から多くの投資を受けた子どもは，自身の生活環境や他者に対して信頼することができ，その感覚はさまざまな人間関係（恋愛関係も含む）における信頼感へとつながっていきます。そして，彼らが親になったとき，自身の子どもに対しても多くの投資を行うような親となります。このように，安定愛着型となる子どもの親の養育スタイルは，子孫をたくさん増やすこと（量）よりも，適応的な子孫を増やすこと（質）を重視した繁殖戦略とみることができます。

　アタッチメントというシステムは，乳児の生存可能性を高めることだけでなく，その後も環境に適応するために進化してきたと考えられます。アタッチメントパターンは，個体の置かれている環境が，その個体にとってどのような意味をもつかに応じて発達するのです。

参考文献
アイゼンク，M.W.　2008　山内光哉（監修）　白樫三四郎ら（翻訳）　アイゼンク教授の心理学ハンドブック　ナカニシヤ出版
井上健治・久保ゆかり（編）　1997　子どもの社会的発達　東京大学出版会
遠藤利彦（編）　2005　発達心理学の新しいかたち　誠信書房
数井みゆき・遠藤利彦（編）　2005　アタッチメント――生涯にわたる絆　ミネルヴァ書房
数井みゆき・遠藤利彦（編）　2007　アタッチメントと臨床領域　ミネルヴァ書房
カミングス，E.M.・デイヴィーズ，P.T.・キャンベル，S.B.　2006　菅原ますみ（監訳）　発達精神病理学――子どもの精神病理の発達と家族関係　ミネルヴァ書房
スミス，E.Eら　2005　内田一成（監訳）　ヒルガードの心理学　ブレーン出版
中島義明（編）　2001　現代心理学〔理論〕事典　朝倉書店
ビョークランド，D.F.・ペレグリーニ，A.D.　2008　無藤隆（監訳）　進化発達心理学――ヒトの本性の起源　新曜社
ブロンフェンブレンナー，U.　1996　磯貝芳郎・福富護（訳）　人間発達の生態学――発達心理学への挑戦　川島書店

Note
親子関係の成り立ち／世代間伝達と虐待

　ボウルビィは内的作業モデルという概念によって，アタッチメントを生涯発達的な視点で位置づけています。
　内的作業モデルとは，アタッチメント対象である主たる養育者とのあいだで経験した相互作用にもとづいて構築されもので，自分をとりまく人的環境がどのようなものであるのか，自分の行動に対してその環境からはどのような反応が期待できるのか，また，対人関係における自分自身のあり方についての心的な表象モデルです。このモデルによって他者との相互交渉がガイドされるわけですが，それはアタッチメント対象との相互交渉にだけでなく，その他の人との相互交渉のあり方にも機能します。
　つまり，生涯にわたる対人経験，対人関係のあり方は，内的作業モデルによって方向づけられていると考えることができます。

　親となり，親として子どもに対してどのようにふるまうのか，子どもとの関係をどのようなものとして形成していくかということにおいても，内的作業モデルがそのあり方をガイドすると考えられます。養育者と自身との相互作用の経験，つまり被養育経験が，自身の養育行動の基盤となり子どもとの相互交渉のひな形となります。
　被養育経験が自身の養育行動に反映され，親と子の関係性のパターンが伝達される，いわゆる世代間伝達についての極端かつ顕著な例として，虐待された子どもが後に虐待する親になるという虐待の世代間伝達があげられるかもしれません。
　虐待された子どもが虐待する親になるという事実は，数多くの研究で示されています。子どもを虐待している親のうち被虐待経験のある親のほうが，そうでない親よりも多いという研究結果が古くから示されています。しかし，サン

プリングにおける問題や，データの回顧的収集などの方法論の問題も含めて，虐待の世代間伝達の証左は十分ではありませんし，虐待された子どもは虐待する親になるという，そのメカニズムの解明も不十分であるといわれます（遠藤，1992）。

　乳幼児期に構築されたアタッチメントに関する表象，過去のアタッチメントに関する表象が，親となったときにその養育行動をガイドするものとして機能すると考えられます。
　しかし，過去のアタッチメントの表象がそのまま養育の表象に移行するわけではありません。部分的には依拠するものの，実際に目の前にいる子どもとの相互交渉，自分が体験している子育て経験が反映された養育の表象が発達するという考えもあります。
　内的作業モデルは，それが構築されつつある発達初期においてはとくに，遭遇する対象や出来事に対応するために修正され，多様なものへと変容していきます。内的作業モデルの安定性は加齢とともに増していき，修正が困難になると考えられていますが，青年期・成人期をとおして多様な対人経験，養育者以外の親密な他者との関係の広がりによって変容していく可能性が想定されています。
　親になるということは，保護される側から保護する側への移行であり，それは現象的にも認知的にも大きな変化です。そうした変革のときに，安定性を増した内的作業モデルも修正，再構築の必要に迫られることになります。また，養育行動は，内的作業モデルにガイドされるだけではなく，子どもの気質などの養育される側のもつ傾性や，養育者とのかかわりによって引き出された行動傾向との相互作用によって形成されます。さらに，夫婦関係のあり方や，社会資源，社会的サポートが養育に影響を与えているという報告も数多くなされています。

　養育については，個人をとりまく環境の影響に加えて，個人の要因として人のもつ可変性が指摘されています。つまり，子どもの状態に合わせて親が変容していく可能性や，親の過酷な過去が外部のサポートや自分の認知的変容に

よって養育を脅かす要因ではなくなる例がいくつかの研究で示されています（数井，2005）。

　養育―被養育関係の世代間伝達の可能性は否めません。しかし，養育者の内的作業モデルの変容や，環境調整などの介入によって虐待の世代間伝達といった悪循環を断ち切ることは可能です。養育―被養育関係は，養育者・被養育者・環境の相互作用の産物であり，変容可能なものといえるでしょう。

4章
家族という人間関係

1節　家族とは何か？

　人間関係が展開される「家族」とは，どのようなものでしょうか。家族心理学や社会学を中心に，生物や動物学に至るまでの数多くの学術書からは，家族の定義がいろいろな角度からなされているようです。そこでこの節では，まずこの「家族」をきちんと定義して，その発生や起源について概観します。

　家族は英語で「ファミリー（family）」となります。一般に，われわれは家族というと，血のつながった親と子の存在をイメージしたり，「天皇などの皇室や英国王室（ロイヤルファミリー）」など，親族を意味するものと考えたりします。しかしそれでは，「○○ファミリー」（○○には，タレント一門など。例として，北島ファミリー・つんくファミリーなどが入ります）や，さらには，ゴッドファーザー率いる「マフィア（組織的な暴力団）のファミリー」も同じようなものと考えられるでしょうか？　どうもそうではないような気がしますね。そこでまず，家族，あるいはファミリーとよばれているものは，どのように定義されるのか考えてみましょう。

1）家族を定義する

　　　　　　　　　　　家族＝ユニット

　WHO（世界保健機構）によれば，家族は次のように定義されています。
　　　「さまざまな社会が形成され，維持されるための社会的単位」
　つまり，家族とはユニット（単位，あるいは，入れ物）であり，そのなかで，①（生計を同じにすることなどによって）さまざまなニーズ（欲求）を満た

す，②（目的をもった）人間関係が存在し，結果としてヒトの社会システムを成立させるもの，となります。また，ファミリーを狭義では，血族や親族による，③次世代の再生産，つまり，子育てをとおしての社会の形成維持ということになりますが，広義では，上記「北島ファミリー」のような音楽アーティスト活動や，（反社会的行動であるが，組織的暴力活動?）など，共通の欲求充足目的をもった人間関係集団とも定義することもできます。

しかしながら，この章では，上記のような広義のファミリーの立場をとらず，家族を，次のように定義します。

① 夫婦・子どもたちなどの構成員による人間関係が展開されるユニットとし，
② そのなかで構成員の生理的ニーズ（たとえば，子育てや介護などを含む衣食住），心理的ニーズ（たとえば，情緒の安定や精神的サポート），および社会的ニーズ（たとえば，教育や社会化）が提供され，
③ 子育てにより子どもが自立・社会化され，その結果，社会が形成維持されるシステム。

2）家族・家庭・世帯の違い

> 家族＝社会制度＋情緒的交流＋子育て

一般の人々が考えるファミリーとは，両親とその子どもたちという血族こそが，家族のイメージでしょう。そこでは，たとえば，母親と父親，そして2人の子どもたちという，ほんわか4人家族ということになりますが，それでは「子どものない」場合，「ひとり親」の場合，「独身」の場合，片親が「単身」赴任の場合，それぞれを家族とよぶことはできるでしょうか？

家族ととても類似したことばに，「家庭（home）」「世帯や所帯（household）」，また単に「家（house）」などがあります。日常的には，4人家族や6人家族など，構成員の数を表すときには，家族が使われているようですし，家族は自分と生活をともにする，あるいは，生計を同じにする集団とされています。

一方，シングル（single, unmarried）や単身（without one's family＝「家族のない」）は，独身世帯や単身世帯（単身家族ではない，単身家庭でもない）ともよばれています。同様に，「子どものない家庭（family without children）」「ひ

とり親家庭（single parent family）」などでよばれることもありますが、それぞれ「子どものない家族」「ひとり親家族」とはあまりよばれません。なぜでしょうか。

また「家（イエ）」は、社会学的には「家制度」として説明されており、いろいろな分野で使用されるもっとも大きな概念になっています。

上記のこのような違いを考慮に入れ、前述した WHO の定義にしたがって、もう一度「家族」をとらえてみましょう。「家族」と規定されるためには、以下の3視点が含まれることになります。

　主として社会・経済学的視点　　①生計を一緒にし、社会における生活単位（ユニット）としての「世帯」をなすこと

につけ加えて、

　主として心理学的視点　　②住居や生活をともにする構成メンバー間での情緒的な交流、すなわち、心理的ニーズの充足が促がされる「家庭」とよばれる形態が必要であり、

さらに追加して、

　主として生物学的視点　　③次世代の労働力の再生産としての「子育て」、すなわち、子どもの自立・社会化が必要となります。

　簡単に言えば、　　家族＝世帯＋家庭＋子育て

このようにとらえると、独身者や単身者は社会ユニットとして「世帯」という形態をなすだけで、この独身世帯・単身世帯は「家族」でもないし「家庭」でもありません。なぜならば、それらの世帯には、家族と規定するための「子育て」が行われていないし、「家庭」をなすための（2人以上の）構成メンバー間の情緒的な交流もないからです。

もちろん、独身寮で共同生活する者は、他の居住者との情緒的な交流は保証されることがあり、多少は家庭的ではありますが、上記の理由により、けっして家族とはよべません。

また、DINKS（Double Incomes and No Kids ＝ 子どものない就労者のカップル）やゲイなど同性愛カップルも、生計を同じにすることなどによって世帯をなしている場合が多いようですし、同時に、情緒的交流も保証されているので

家庭とよぶことができます。しかし，実子を産んだり，養子を育てるなど子育てに関与しないかぎりは，厳密には家族とよぶことはできません。

以上要約すると，家族は「社会・経済学的視点」「心理学的視点」「生物学的視点」を含み，「社会制度としてのユニット」「情緒的交流が展開される人間関係」「子育てという人間社会の再生産システム」として説明されます。

人間関係を理解するこの本の趣旨からすれば，家族は，親と子のあいだの人間関係が展開されるまさしく要所ということになりますね。家族という社会的なユニットのなかで，（多くの場合には，子どもを産んだ）生物学的な親が自身の子どもを育てることに取り組み，そのなかで子どもに対して情緒的な親子関係（人間関係）を提供したりするのです。

2節 家族のライフコースから人間関係を考える

この節では，ヒトの家族がどのようにして成立・展開・再生されていくのかについて，その構成員である人のライフコース（生涯発達過程）から検討を加え，そのなかでどのようなかたちで人間関係が展開されていくのかについてみていきます。

> 家族のライフコース ＝ 1. 家族システムの確立 → 2. 家族システムの調整
> → 3. 子どもの旅立ち → 4. 家族システムの再構成

1 家族システムの確立
1) 一夫一妻

まず，家族の成立について考えてみましょう。つまり，家族を構成するヒトたちがどのように集まり，現在のような人間関係を形成するようになったのでしょうか。そもそも太古の昔から「家族」と考えられるものは存在したのでしょうか。それとも，いつから現在のような家族が成立したのでしょうか。

かつての「人類は乱婚形態からはじまり，現在の一夫一妻へと移ってきた」という社会人類学の家族理論は，現在では進化心理学などの研究により否定されており，家族はその起源より「一夫一妻」制度という形態をとっていたと考

えられています。すなわち，ヒトが誕生したその時点から，おそらく家族という形態をもち，そのなかでさまざまな人間関係を展開してきたというのが，多くの現在の研究者の考え方になります。

2)「セッカチ君」と「ジョジョニさん」

　この「一夫一妻」制度という家族の成立，すなわち，メスとオスの結びつきに関しては，少し後で紹介するように，食物交換，子どもの養育などの要因が仲介したと考えられていますが，これはヒトのオス・メス一般の「時間的」特異性，言い換えれば「セッカチかどうか」に還元できるかもしれません。

　表4-1でみられるように，ヒトが進化してきたうえで獲得してきた身体的特徴（たとえば，運動能力の大小や，生殖に要するエネルギー量の大小など）が，ヒトのオスを「セッカチ君」に，メスを「ジョジョニさん」にすると考えられないでしょうか。

　具体的に男性と女性という性別で身体比較をしてみると，男の赤ちゃんは，女の赤ちゃんより視力がよく，手足を動かすなどの身体運動量もより盛んで，活動性がより高いと報告されています。また，一般に男児は女児より身長や体重が大きく生まれて，発達につれておとなになると，男性は女性の約2倍の筋肉をもつようになります。一方，女児は触覚・嗅覚・聴覚などの感覚器官が

表4-1　家族誕生に貢献したと考えられる身体的特徴

（平均値を男女で比較）

女	男
卵は誕生とともに存在。思春期以降，卵は通常1個/28日排出	精子は思春期以降，日々多量に生成される
新生児より鋭い聴覚・嗅覚・触覚を有し，障害や死産が少ない	新生児は身体運動が活発で，視力がよいが，時に色覚異常をともなう
手先の器用さと慎重さで，遊びなどでのけがや身体損傷が少ない	運動能力が高くダイナミックな遊びを好む
体重の1/4程度の脂肪組織を備え，これは男の約2倍にあたる	骨格や心臓が大きく，筋力は女の2倍を有し，強い筋力で速く走る
適応力が高く，比較的長寿	短命

鋭く誕生し（したがって，さまざまな感情の発達も，より促されると考えられています），発達につれて男児の好む粗野な遊びよりも器用な手先を使う遊びを好み，けがや事故も男児より少ないと報告されています。また，成人した女性は，男性と比較して広い骨盤をもち（したがって，歩幅が小さい），身体に多くの脂肪組織を蓄積することになります。

この結果，男性は「狩猟」で成功を収められるような大きく，力強く，速く「移動」することのできる運動能力の逞しい身体へと進化してきたと考えられます。一方，女性は「出産」などに適した身体組織と，狩猟などで移動したりすることよりも，むしろ器用で採取や栽培などの作業ができるようにと，身体を進化させてきたと考えられます。

3）男＝「狩猟」（動物の肉）　V.S.　女＝「採集や栽培」（植物や穀物）

男性が「狩猟」で得ることができた動物性の高たんぱくの肉は，今日のような冷蔵庫などの保存手段がなかったので，その肉を早く（セッカチに）消費する必要がありました。これは，採集や栽培によって女性が時間をかけて（ジョジョに）獲得できた植物性繊維や穀物類とは，比較的長期保存ができるという点で，大きく異なっています。この動物の肉と植物・穀物の食物交換によるバランスのとれた栄養ダイエットこそが，太古の男性と女性の結びつきを促進したとは考えられませんか。

また，誕生後すぐに存在し，思春期以後には約月1個の周期でジョジョ（徐々）に排出される卵は，精子と比べるとたんぱく質に富んだ比較的大きな細胞です。これに対し，DNAと尻尾から成り立っている精子は，非常に小さいけれどもセッカチに動き回れる運動能力を有し，思春期以後は多量に生成され排出されます。さらに，うまく精子と受精した卵も，女性の身体のなかで280日あまり過ごすことになるので，生殖に関して女性は非常に多くのエネルギーと時間を要することになります。

以上のようにみると，男性の「セッカチさ」，女性の「ジョジョニさ」という「時間的」特異性が，家族という人間関係の成立に一役を担ったことが読みとれます。

ところで「狩猟」は，けものを大声を上げて追い立てる際や，獲得した肉を

めぐる社会闘争の際に必要な男性の力強さや攻撃性を高めたと考えられます。また，獲られた肉のような高たんぱくな食物からは，それを摂取し消化することによって，ヒトの大脳を大きくなるように（賢くなるように）進化させたようです。前述したように，女性も男性との食物交換で，この肉を手に入れましたが，女性は自分と子どもの生存を保証するために，より多くの肉を調達してくれる，つまり，「狩りに有能な」男性に惹かれたと考えられます（女性の生存戦略と考えられます）。狩りが上手な男は，おそらく，力が強くエネルギーのある，または賢明な男性であったと考えられ，現代では「経済力のある」，あるいは「有能な」男性に相当するのでしょうか。

　また，妊娠や出産，さらには，出生した子どもの世話やその後の子育てには，多大なエネルギーが必要となり，これらを女性ひとりでこなすのはたいへん困難です。そこで女性は，この子育てなどに対する協力をも考慮して，パートナーとなる有能な男性を選択したとも考えられます（女性の生殖戦略と考えられます）。この際には，前述したように感覚器官の発達の著しい女性や子どもには，力強く高い攻撃性をもち合わせて自分と子どもに接する（おっかない）男性よりもむしろ，有能でやさしさあふれるパートナーが必要になり，ここにおいてヒトの男は「狩猟」で高めた攻撃性を弱めることが余儀なくされたと考えられます。

4）生殖戦略

　このように，女性がとる子どもを産んで生きていくという生存戦略と，有能なパートナー選びという生殖選択が，たいへん慎重であるのと比較して，男性の生存や生殖戦略はどのようなものなのでしょうか。

　男性のパートナー選びという生殖相手の選択は，一見，多くの精子を放出して多くの子どもを残そうとする生殖戦略にもとづいているかのように考えられます。しかし，この戦略にしたがって多数の子どもを産み放していては，せっかく産まれた（女性に産んでもらった）子どもの生存が保証されません。また，子育てには多大なエネルギーが必要なので，子育てのために男性本人自身の生活や生存がおびやかされることにもなります。太古のまわりの環境には，男性や女性自身や自分たちの子どもの生理的ニーズのほか，さまざまなニーズを満

たすものは，そう簡単には準備されていなかったと考えられます。さらに，産まれてくる子どもが，確実に男性自身の遺伝子を受け継ぐ子どもでなければ，男性は子育てには投資しにくいものです。このようにして，他人の子どもではなく男性自身の子どもを産んでくれる貞操ある女性が選択されて，男性自らも子育てに協力するという行動様式がヒトの男の側に組みこまれていったと考えられます。つまり，男性も相手を特定化しないような産み放し戦略をとるとは考えられず，実際のところは，男性の生存や生殖戦略も女性同様，きわめて慎重なものであると考えられます。

5)「一夫一妻」2割,「一夫多妻」8割,「一妻多夫」0？

　これまでみてきた家族構成員となる男女の慎重な配偶者選択は，単純には「一夫一妻」という家族制度の確立を意味しません。純粋なキリスト教の文化をもつヨーロッパなどは「一夫一妻」制度ですが，現在地球上のすべての民族が「一夫一妻」制度を採用しているわけではなく，驚くべきことに多く（全民族の約80％）は「一夫多妻」制度です。

　一方「一妻多夫」という家族制度は，類似の遺伝子をもつ血縁きょうだいのあいだで花嫁を共有する以外は，あまり見受けられません。なぜならば，もしきょうだい以外の血縁関係のない複数男性による「一妻多夫」制度のもとでは，産まれてくる子どもが，どの男性の遺伝子を受け継いでいるのかが，（現在では遺伝子判定という方法があるものの）そう簡単にはわからないからです。結果として，誰の子どもなのか不明な状態では，父親となる男性からの養育投資が期待できず，したがって，子どもの生存が保証されないことになります。

　「一夫多妻」のアラブの国々などでは，強大な経済力をもちエネルギーのある男性は，自分の生存や自分の遺伝子を受け継ぐ子どもの生存が，両方ともに保証されるので，多数の妻（ハーレム）とその子どもたちをもちます。ハーレムの女性にとっても，同様に，自分自身の生存を保証してくれて，さらに産まれてくるであろう子どもにも養育援助のできる力強い男性を，パートナーとして選択することは，女性自身の生存と生殖を成功させることにつながります。言い換えれば，貧乏人の妻（一夫一妻）になるよりもお金持ちの愛人や第2夫人（一夫多妻）になるほうがよいという戦略がとられ，これも子育てに対する

協力をも考慮してパートナーとなる男性を選択しています。逆に，ハーレムにも属さず，男性から経済的援助なども得ることなく，生まれた子どもを自分自身で育てる「シングル型（母子家庭型）」もアフリカの国々や今日のアメリカ社会のなかに存在しています。このシングル女性による子育て戦略の背景には，恒常的に近くにいない男性とともに家族を形成して子育て協力を得ることが不可能な場合や，あるいは，女性自身が経済的にも自立しているので子育ての協力があまり必要でないなどの事情があるものと考えられます。

多くの高等動物や，（テナガザルなどを除く）われわれヒトに近い現世類人猿では，ハーレムを築く「一夫多妻」や，乱婚の結果メスによる「シングル型（母子家庭型）」の形態をとり，オスによる子育てがされません。もっとも鳥類は「一夫一妻」制度の代表とされ，メス・オスとも一般には子育てをするようですが，近年の研究では，メスとオスのつがいからではない「婚外子」も数多く存在することがわかってきています。つまり，純粋な「一夫一妻」を守っているとは到底考えられず，メス・オスそれぞれの生殖戦略にしたがって，他のオスやメスとの不倫関係がみられ，その子どもが産まれているようです。さらに，この鳥類の「一夫一妻」は繁殖期にのみ限定され，次の繁殖期には別のペアーが形成されます。これらの点でも，われわれヒトと非常に異なっています。

多くのヒトは「一夫多妻」「一夫一妻」や「シングル型（母子家庭型）」などの子育て家族形態をとり，一生涯という比較的長い人間関係を維持しようとします。言い換えれば，ヒトの男と女が協力して一緒に子育てする行動こそが，ヒトを結びつけて，家族という生存と生殖に重要な人間関係ユニットを形成する要因になっていると考えられます。

2　家族システムの調整（親子の人間関係）
1）親子関係　子どもの社会化

家族システムのなかにはさまざまな人間関係があります。なかでも重要な親と子関係は，主として子どもの社会化を促進するための，親が取り組む養育行動が中心となります。親の養育行動は，子どもへさまざまなニーズを提供し調整することによって，子どもの生存と発達を保証し，自立や社会化を促進させることになります。

社会生物学的観点からは，親による子育ては自分のもっている遺伝子を子どもに伝達するという営みにすぎず，その目的のために親は多大なコストを用いて養育投資をするようにあらかじめプログラムされていると考えています。子どもも同じようなプログラムをもって産まれるので，人生の初期における1人で食事もとれない，親からの投資がなければ生存が危ぶまれる状況でも難なくこなすことになります。それは親の養育行動，すなわち親の投資を引き出すシステム（＝投資要求戦略）という生得的な行動のレパートリーです。したがって，親子関係とは，親と子どもの両者にプログラムされている，いわば関係の質の高低を問わない，普遍的で自然な人間関係といえます。

　たとえば，生まれたばかりのヒナが親鳥を追尾するというローレンツのインプリンティングの現象を考えてみましょう。親鳥を追尾することによって，第一に，ヒナは親鳥のまわりにいることで容易に食物が得られ外敵から保護されるので，自身の生存が保証されることになります。第二には，ヒナは成熟後，異種間ではなく親鳥と同じ様相の個体をパートナーとして選択し，同種の子どもをもうけることになります。モズの子はモズの親から産まれるので，ハトとモズのあいだに産まれるのではありませんね。この現象に代表されるように，動物は生得的プログラムをもっていますが，ヒトもまた同じであると考えられます。種の保存のため，ヒトも自己の遺伝子を次世代に受け継がせるようにプログラムされているので，配偶者を選択して家族を形成することによって，親は子どもの保護などを行ってきています。つまり人間の親子関係も，動物と同じルーツをもつ生得的プログラムが稼働することで形成されるものであると考えられます。

　親子関係というと，赤ちゃんが誕生した後からの人間関係を想定するかもしれません。しかし実際は，赤ん坊として誕生する以前から人間関係ははじまっており，胎児の時期からの親子関係が存在します。今日では，超音波画像診断法を使うと，子宮内にいる胎児を直接見ることができないにもかかわらず，胎児の能力や行動は，コンピュータ画像で視覚的にとらえることができます。明暗を感じる視力は妊娠7カ月においてほぼ完成しているようですし，音に対する反応は5カ月，味覚は7カ月において機能することが明らかになっています。胎児のこれらの子宮内からもつすばらしい能力のおかげで，養育者との

コミュニケーションが可能になります。たとえば，胎児に声をかけている母親だけではなく，母親の大きなおなかに向かって声をかけている父親に対しても，胎児は5カ月くらいから羊水内で身体の動きで反応して，コミュニケーションをとろうとします。また，羊水内にいる胎児は，子宮外にいる父親の声を聞いて憶えていたようで，出生後も自分の父親の声を認識して体動で返すという行動をとっています。このエントレイメントとよばれている身体運動は，言語の能力が制限されている，産まれたばかりの新生児にとっては，独特のコミュニケーションの方法と考えられます。もちろん，エントレイメントで反応された親たちおとなにとっては，喜ばしいことで，新しく親子関係を形成することになる子どもへの養育行動が促進されます。

2）親子関係が成立するための子どものプログラム

　新生児のもつさまざまな特徴は，親の養育を自然と引き出すようにプログラムされています。まず幼形成熟，つまり「かわいらしい形態」に対しては，普通おとなはポジティブな反応をします。通例，外観がぶよぶよで目や頭が大きく，3〜4等身のまん丸とした新生児は，子犬や人気のあるぬいぐるみがそうであるように，おとなの情緒を刺激して養育行動に駆り立てることになります。

　次に赤ちゃんがもつ新生児反射（原始反射）は，外的な環境刺激に対して働き，食物摂取・危険回避・環境の積極的な取り入れなど，生存と発達に不可欠な機能を有する生得的行動レパートリーです。新生児反射は，大脳の未成熟による不随意運動であり，発達とともに消失し意志にもとづく随意運動にとって代わられますが，新生児に対して親が与えるさまざまな刺激に対して，子どもが巧みに反応することで，親の養育行動がより促進されることになります。

　一方，内部の生理的刺激に対しては，新生児の睡眠・覚醒という生活リズムである生得的プログラムが対応します。新生児は昼夜の区別がなく，寝たり起きたりの生活を繰り返します。空腹感や不快感などで覚醒した新生児は，さまざまな行動を行い，身体のエネルギーを自己統制します。結果として，新生児のまわりにいる養育者の行動をも活性化します。たとえば，おなかがすいたりオムツがぬれているなどの理由で泣く新生児は，まわりの親やおとなに，授乳やオムツ替えあるいは言語的・視覚的かかわりといった行動を促します。また，

表4-2 新生児の原始反射

口唇探索反射	片側の頬を指でつつくと，その頬のほうへ口を回転させる
吸引反射	口もとの食物を取り込もうと吸いつく
逃避反射	鋭利なもので足の裏をつつくと，痛みを避けるように足を引く
モロー反射	身体をもち上げストンと少し手を下げると，驚いたように両手でしがみつこうとする
追視反射	動くものを目で追いかける
把握反射	手のひらにふれたものを強く握りしめる
自動歩行	立たせた状態で身体を支えて左前に傾けると，右足を出す（右前では，左足を出す）

眠りの浅いときや覚醒時にみられる新生児微笑は，おとなの母性（親性）を刺激します。さらに，新生児の視覚・聴覚・嗅覚などの感覚器官は前述したように胎児の頃より発達していますが，今やそれらの感覚器官を単独で用いるのではなく統合（感覚間の協応）させることができ，ほぼおとなと同じような効率的な外界認知の手段を有することになります。

以上を整理すると，新生児のもつ多才な生得的能力は，巧みに養育者の投資を引き出すのに役立ち，一方の養育者にも，新生児の外観・反応・行動に対してスムースに応答する能力など，子どもの生存と発達を保証するような生得的養育行動プログラムが準備されているようです。比較行動学者のボウルビィは，子どものもつ，微笑・泣き・抱きつき・しがみつき・注視・接近などの行動を生得的愛着行動として重視し，親と子どもの人間関係を可能にする予定調和的なシステムの存在を明らかにしています。

3）家族内の人間関係で規定される社会化と個性化

さて，家族は子どもの生存を保証する機能をもつだけではとどまらず，子どもの自立と社会化を発達・促進するユニットでもあります。社会化とは集団が共有する行動様式を定着させることであり，家族内の親子・きょうだい，その他の人々とのさまざまな人間関係や，家族外の友だちや学校での人間関係のなかで促進されます。家族が社会化の機能をもたないキブツ（＝イスラエルの

農業共同体）もほんの一部に存在しますが，多くの社会では，子どもが発達の初期の段階では家族がこの機能を担います。エリクソンは，子どもが他者との相互作用のなかで獲得していく発達段階に応じた態度や技能などを，発達課題とよんでいますが，乳児期や幼児期の発達課題は，まさしく家族のなかで子どもが取り組む身辺自立と社会化に相当します。したがって親子関係のなかで新生児期に行っていたような子どものニーズを無条件に提供することから離れて，徐々に子どもを自立化させ，社会化や，ひいては子別れをすすめるようになります。

　動物世界での子別れを考えてみましょう。多くの動物の場合，子別れは食物や縄張りをめぐる争いを防ぐためのものであり，哺乳類のなかには親が子どもの自立とともに，子どもを家族外に放り出す種すら存在します。ヒトの子どもは発達にしたがって，前述したような生得的能力を基盤として，家族の内や外での人間関係をとおして，より洗練された行動を獲得していきます。家族内では親やきょうだいなどが，家族外では地域社会や学校教育などがこの役割を担うことになります。同時に，親も生得的養育行動プログラムを調整し，子どもが徐々に自立するように親子分離（母子分離）を促進していきます。ウィニコットは，子どもが親との分離や不安時に使用するぬいぐるみやタオルなどの物を移行対象物とよんでいますが，この親の代償物でもある移行対象物の存在も，家族内の人間関係で生活していた子どもが，家族外の人間関係を構築することや子ども自身の社会性発達の促進に一役かっているようです。

　親の資質やまわりのおとなからさまざまなことを学習して自立していく子どもは，自分自身の能力や適性を活かし個性化し，自分の可能性を開花させるべく独自性（自己実現）をすすめるようになります。このように考えれば，家族は，そのなかで親子関係を中心に展開された社会化と子ども自身の個性化という発達プロセスが，来るべき家族の外にある親子以外の人間関係へと移行するホームベースの機能することになります。すなわち，子ども自身の社会化のプロセスは，家族内での親子関係をふまえて，その後の家族外での人間関係のなかで展開すると考えられ，同時に，家族内でのさまざまな経験によっても規定されるものになります。

3 家族を離れて新しい人間関係へ——パートナー選び

ヒトは，家族というシステムのなかで親から養育を受け保護され，発達にしたがって親から離れ，多くの場合，パートナーを選択して新しい家族を形成します。このパートナーを選択すること，つまり，配偶者選択にあたり，どのような人間関係を構築していくのでしょうか。

前述した生殖戦略によると，生存戦略や生殖戦略という生得的プログラムのみによって，オスは「自分の遺伝子を受け継ぐ子を産む，すなわちSEXを受け入れる」メスと，メスは「自分と子どもに最大投資し，子育てを分担する」オスを選択するのでしょうか。そうではなさそうです。これまでみてきたように，家族や社会での人間関係において社会化と個性化されてきた獲得的資質も同様に重要なのです。つまり，親子関係をとおして自立し社会化され情緒に富んだ個人の資質は，愛情豊かな家族内外でのその他の人間関係で培われることになります。すなわち，親のもつ資質が子によって学習・伝達され，家族外での人間関係においても脚色されながら，本人の配偶者選択や養育行動を方向づけると考えられます。

1）ヒトの配偶者選択

はじめに，現代の若者の恋愛関係の発達をみてみましょう。これまでの研究を概観すれば，恋人との関係が成立するための条件として，いろいろな考えが存在します。①距離的近接説（住居が近いことや職場や学校で会う機会が多いことなど），②類似説（年齢・学歴・意見・態度などが似ていること），③社会的望ましさ説（容姿や性格や経済力など，ある社会文化において望ましいとされる特性をもっていること）が代表的なようです。ただ，恋愛対象，ひいては配偶者選択に関して，上のいずれか1つの考え方がもっとも的確な説明であるとは言いがたいと考えられます。たとえば，ゼミが同じ大学生カップルはキャンパスで比較的長時間過ごすことになるが，同時に年齢や学歴は類似しています。また，すべての女性が特定の「社会的に望ましい資質，たとえば高学歴などをもつ彼氏」と結ばれるのではありませんが，研究結果からは，女性本人も彼氏と類似した学歴を有していることが明らかになっています。

われわれが外見的な魅力である容姿に強く惹かれがちである理由として，

①耽美(たんび)的な満足感(顔立ちや容姿の美しい人をみると,芸術作品を見るような満足あるいは性的満足がある),②モデリング(多くの場合,テレビや映画の主人公は,美しく・強く・正義であるという観察学習経験を重ねている),③威光による評価の向上(ある人が美しい人を同伴していると,その人の評価が向上する)をあげることができます。もっとも歴史をひもとくまでもなく,特定の時代や文化において社会的に望ましいとされる容姿はさまざまです。その時代に望まれる容姿にしたがって,若い未婚女性は(もちろん,男性も)髪を整えたり化粧品や香水を使用し,流行の洋服(なかには,矯正下着も)を身につけ,エステやエアロビクスに通うことによって,外見的な魅力を高めることに投資する場合があります。

2) オスとメスによる子育て行動

動物世界をみると,メスが子育てをする多くの動物は,外敵から子どもを保護するためにメスはたいへん地味に形作られているようです。それに対してオスは,たいていの場合,メスより大きくて派手で目立ち,その生命力や力量を誇示するかのごとくふるまいますよね。ヒトでも,背が高く大きな男性が,女性はその大きな男性に保護されているという感じをもつためなのでしょうか,一般的に好まれるようです。メスとオスが協力して子育てを行う動物においては,このような両者のあいだには大きさや派手さがあまり異なりません。それより,メスよりもオスのほうが積極的に子育てを行う動物においては,逆にメスのほうが大きくて派手であることが多いのです。

哺乳類のメスは子宮という器官をもち,受精後より「子育て」をし,生まれてきた子どもに,授乳・保護・教育などを行います。子どもの保護や子育てを手助けするオスは,確実に自分の遺伝子を受け継ぐ子どもでなければ,そう簡単には養育投資をすることはありません。現代男性をターゲットとしたファッション・化粧品・エステの流行を考えると,女性がこれらの中心であった以前とは,大きく異なっています。つまり,男女とも同様に,派手さや外見的魅力を有するようになってきたので,上述した動物のように,男女で子育てをするのが一般的かもしれません。このように考えると,ヒトでは,自分の遺伝子を受け継ぐわが子の子育てを母親に任せるのではなく,父親も育児に協力する

「一夫一妻」関係を指向するようになっているのかもしれませんね。

3)「広義」の家族

これまで子育て行動のみが, 愛する配偶者との人間関係の決定要因と述べてきましたが, 子どもを産むことや子どもの存在だけが家族の成立要件ではないこともあります。子育てという目的達成に焦点をあてれば, 家族とは共同生活をする夫婦という構成員が子どもを養育するということになります。少子化とよばれる現代は, 子どもを産む目的があっても, 子どものいない（できない）カップルも多く存在します。前述したように, 子どものいない家庭でも, 同性愛者のカップルでも, その構成員がさまざまなニーズを供給し合ったりして, 子育てのような「ある種の目的達成を協力し合う集団」であれば, 新しい「家族」と考えてよいのではないでしょうか。現在は, 子どものいないカップルや同性愛者のカップル, 結婚形態をとらない同棲や共同生活者など, 新しい家庭, あるいは, すでに家族の定義のところで示したように, 「広義」の家族が形成されており, そのなかにおいて恋人やパートナー, 夫婦関係などの人間関係は存在しているのです。

こういった現象の原因には, どのようなものが考えられるでしょうか。前述したように, 日本では少子化や未婚化, さらに婚活が話題になっていますね。女性の高学歴化や社会進出などが, この少子化や未婚化の原因であるといわれることもありますが, どうでしょうか。キャリアウーマンでひとり暮らしの経験があったり比較的年収が十分であったりする女性の多くは, どちらかというと結婚している場合が多いという報告があります（山田昌弘）。むしろ, 親と暮らしている専業主婦志向の未婚女性が増えており, これが少子化を招くシステムとも考えられます。事実, アメリカやイギリスのように女性が社会進出している国ほど結婚している比率が高く, 発展途上国などで子どもの出生率が高い国でも, 女性が家族外で就労していることが多いようです。

どういうことかというと, 親と暮らしている専業主婦志向の未婚女性は, 親との生活が比較的高く安定しているので, 配偶者を選択する条件として, 経済面で高いレベルを要求することになります。したがって, このレベルに達しない相手男性とは, 女性自身の生活のレベルを落としてまでも結婚する必要がな

いと考えているようです。自分の生存を保証してくれて，さらに子どもに養育援助のできる，より力強い男性を選択する生存戦略であると考えられます。また，専業主婦志向化が起こる国では，かならず子どもの数が減ってくると報告されています。専業主婦志向化になると，結婚後の経済的レベルを確保するために，晩婚化して高齢出産になったり子どもの数を制限したりすることなどから，少子化に直接結びついていくのでしょう。さらには，「一夫一妻」の専業主婦の夫が，とくに現在のような経済不況のもとでは，家族外で働き，かつ家族内でもバリバリと子育てに参加することは困難で，まして多くの子どもを養育するなどとは考えにくいのです。

4) 子育ての世代間伝達

　さて，結婚して産まれた子どもを家族内で育てる親の養育行動は，前述したように，子の生得的行動プログラムに調和して反応するので，親子関係のなかで両親により自然な子育てが保証されるプログラムになっているはずです。同時に，親はかつて自分が両親に養育された情緒的な人間関係を，現在の自分の子どもの養育にもち込むことも報告されています。これは愛着の世代間伝達といわれて，愛情豊かに養育された子どもは成人して配偶者を選択した後，同じような愛着をする子どもを養育するということになります。したがって，逆にさまざまな要因から，家族内外の人間関係が上手に機能しなくなった環境で養育された子どもたちは，この環境の構造的変化を受けて，成人して新しい子どもとの親子関係のなかにも，不自然さや病理が提示されることもあるようです。このような親子関係の不自然さは，子どもの虐待や母子心中といった機能的な問題として表面化することがあります。虐待や母子心中などは大きな社会問題となっています。

　虐待は，表4-3のように定義されます。わが国の子どもの虐待件数は，1990年の調査開始から比較すれば，20年間で40倍の約4.5万件になっています。報告された虐待件数は，アメリカと比較すると，約20分の1程度と少ないように思えますが，この数字からは，日本の子どもはアメリカに比較して安全なのでしょうか。また，虐待内容でも異なっており，アメリカでは保護の怠慢が，わが国では身体的虐待が約半数を占めています。この差を検討する

表 4-3　虐待行為の種類 (児童虐待調査研究会,池田)

身体的虐待	外傷の残る暴行（打撲・骨折・火傷など）や生命の危険のある暴行（首を絞める・溺れさせる・一室に拘禁する）
保護の怠慢	衣食住の世話をしないための栄養不良や，学校に登校させないなどの拒否，養育放棄
性的虐待	親や近親者による性的暴行
心理的虐待	心理的外傷を与える行為の結果，児童の不安やおびえ，うつ状態などの精神症状が生じる行為

にあたり，日本とアメリカの2つの文化的な違いを考慮する必要がありそうです。つまり，アメリカでは子どもの権利を優先させているようですが，わが国では（親の）私権を保持するという制度上の差があります。さらには，以下の文化差も考えられます。

　キリスト教の影響の強いアメリカ文化では一般に，「一夫一妻」のもと，神の前で誓い合った「愛」を大切にします。この「愛」がなくなれば，結婚生活を終えて離婚することになります。しかし，また新しい別の人と「愛」の確認ができれば，その後で再婚して「一夫一妻」を繰り返すことができます。つまり，離婚／再婚を繰り返すことが許容されている文化といえます。ただし，この際に「愛」を育む当事者の気持ちが大切なようで，どちらかというと，連れ子（継子）の存在はうすいように思われます。これに対して，わが国では古くは「妾」をもち，「一夫多妻」的となることが，ある程度容認される文化でした。この場合，子育ては父親不在で，子どもを産んだ母親が1人で担い，子どもは母親の私物（自分が腹をいためて産んだ子）であるかのように考えられていたようです。一方，アメリカでは，親は継子の自立化を積極的にすすめて家族外へと方向づけるようですが，わが国では，子どもと相互依存的に家族内にとり込もうとします。結果として，親子関係が不自然になったり，子どもの自立化に失敗したり，家族内のストレスが高まった際には，アメリカでは，いわば邪魔な存在の子への虐待につながりやすく，わが国では私物である子どもとの死，つまり親子心中へとつながりやすいと考えられます。

　動物の場合，群を乗っとった新しいオスが，メスが子育てをするのをやめさせるように働きかけ（DV＝ドメスティック・バイオレンス），結果的に（以前の

オスとのあいだの）子殺しにつながるようです。再婚相手の子どもは，新しいオスである継父にとっては自分の遺伝子を受け継いでおらず，また子育て期間中はメスを発情させたり妊娠させたりすることができないので，この新しいオスは子殺しにつながる虐待を行い，自分の遺伝子を受け継ぐ新たな子作りを開始するようです。不幸なことに，ヒトの親からの虐待による子どもの死亡も，あとを絶ちません。動物同様に，ヒトも自分の遺伝子を受け継いでいない子どもの命を奪うこともあるようで，実子殺しと継子殺しを比較検討した北米の調査では，継子殺しは実子の70から100倍と著しく高いことが明らかにされています。

また，愛着と同様，虐待も世代を超えて次の世代に繰り返されることもあると報告されています。家族というユニットのなかで展開する親子関係が，このように将来の親子の関係を規定するという結果から，家族内での人間関係の重要性が理解できるのではないかと思います。この事態に対して，何とかして子どもをもつ親が，家族内でかかえる問題や虐待をなくす社会支援体制が望まれます。

4　子育てが終結した家族の人間関係──新たな適応と老親介護

家族システムからの子どもの旅立ちは，単純には，妻と夫の夫婦関係への回帰になりますが，やがてともに死を迎える準備へと続くことになります。中年期や老年期がこれにあたりますが，この時期には家族内外での複雑な人間関係の調整を含めた家族システムが再構成されます。たとえば，成人した子どもの旅立ちは，新たにその子どもにかかわる家族外での人間関係（たとえば，子どもの結婚相手やその親族との関係）の調整を必要とします。ほぼ時期を前後して，家族の主たる家族外労働者である者が，定年退職する時期にあたります。さらに，妻と夫それぞれの自己の身体変化とともに，お互いの老親との人間関係（たとえば，介護などの問題）においても同様な調整が必要になってきます。

1）中年期の夫婦関係

青年期以降，自己像の確立という課題に取り組み，自立と家族構成員への依存とのあいだで葛藤に陥り，多くの場合親と衝突していた子どもは，もはや家

族内には存在しない状況にあります。子どもが配偶者選択をし，家族外で新しい家族を形成したのであって，親にとっては完璧な子別れの達成になります。しかし，子育てのみに熱心であった親は，子どもが巣立った家族内で目的を失い，うつ状態になることがあります。これを「空の巣症候群」とよび，これまでは中年期の家族危機とされてきました。子育てが中心で，自己実現や個性化を犠牲にしてきた多くの女性たちにとっては，精神的に滅入ることになるようです。また，ほぼ時期を前後して，家族外で家族のために労働に明け暮れていた父親も，「定年退職」という家族危機と遭遇します。毎日同じような時間に出勤し，帰宅した生活から離れて，退職した男性は，これからは家族内で多くの時間を過ごすことになる者もいます。とくに，仕事中毒であった多くの男性にとっては，退職はいわば燃え尽きた状態になるので，精神的に落ち込むことになります。さて，これら「空の巣症候群」や「定年退職」は，本当に中高年夫婦を襲う危機的な出来事なのでしょうか。

　中年女性の心理的幸福感を調査したバルクは，生活のコントロールと生活の喜びの2次元で，さまざまな家族形態の幸福感をとらえようとしています。子どもの存在は，やはり喜びを強めますが，もっともバランスよく心理的な幸福感があると報告されたのは，じつは結婚しており，有職で，子どもがいる女性という結果でした。つまり，幸福感の高い女性は，（結婚による）夫にかかわ

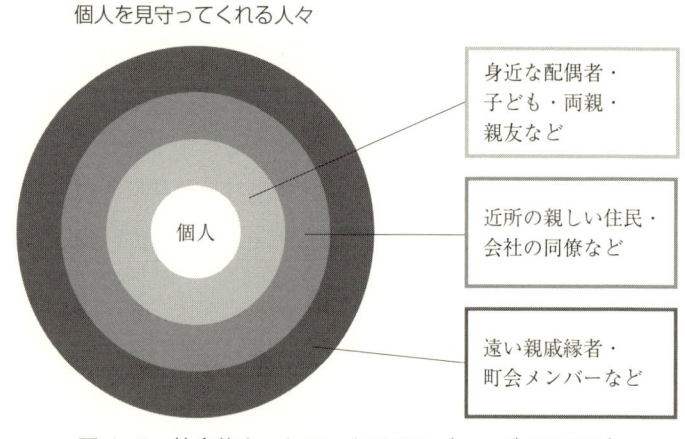

個人を見守ってくれる人々

- 身近な配偶者・子ども・両親・親友など
- 近所の親しい住民・会社の同僚など
- 遠い親戚縁者・町会メンバーなど

図4-1　社会的ネットワークモデル（コンボイモデル）

る人間関係・仕事にかかわる人間関係・子どもにかかわる人間関係が存在していて，豊かな人間関係のネットワークを有していたからです。

　この点に関しては，人間関係が個人の幸福感を規定すると考えるカーンらの社会的ネットワークモデル（コンボイ＝護衛艦モデル）が，あてはまるように思われます。カーンによれば，自分のまわりの友人を含む社会的な人間関係の量の大きさこそが，その人の幸福感を表していると考えているからです。前述の高い幸福感をもつ中年女性は，大きな量のネットワークを有していたのです。さらに，老年期の適応を研究したニューガーテンは，老年期への移行は，①新適応への移行に戸惑いをもつ者，②ボランティアなど異なる活動へ転換する者，③隠居（安楽椅子的）生活をはじめる者，という3つのパターンに分かれると報告しています。言うまでもなく，老年期の適応がもっとも高かったのは，②の異なる活動へ転換した者で，健康で生産的に新しい生活へと移行できるので，適応的とされていました。

　以上のことから，すべての中年が「空の巣症候群」や「定年退職」を危機的にとらえることはないと考えられます。それよりも，家族内で「親子関係こそ絶対的だ」と考えて，親は子育てに熱心にならないほうがよいことがわかります。もちろん，子育てを大切にする親子関係も重要なのですが，家族外でのさまざまな人間関係を同時に構築して，自分の個性化を行うことも大切なのではないでしょうか。子どもの社会化・自立化と同様に，自分の個性化が重要なのです。かつて「子は鎹（かすがい）」と，子どもの存在は夫婦関係をつなぎとめるものであると考えられていましたが，優秀な子になるような子育ての完成が，逆に，家族内の夫婦互いの役目を終えて燃え尽きた熟年離婚につながることもあるようです。増野潔が述べているように，むしろ「子はカスがいい」のかもしれませんね。退職後は，夫婦でいる時間が増大することになるので，この際に，もう一度夫婦関係を立て直し，お互いの趣味を深めたり，ボランティアや余暇活動を愉しむことができます。それによって，豊かな人間関係を構築し，新たな老年期への移行を歓迎することができると考えられます。

2）高齢者の能力

　一般に，高齢者は無能で無力であると考えられがちですが，じつはそうでは

ないようです。年齢を経るにつれて，高齢者の体力や視力，聴力が衰えてくるようになりますが，年をとればとるほど，すべての発達の側面において無能な存在に近づくわけではないようです。むしろ，これらの生物学的・身体的老化が引き起こす心理学的老化により，他人とのかかわりである人間関係が減少してくるようです。老年期のヒトにおいても，学習や豊かな人間関係のなかでの十分なかかわりによっては，結晶性知能，つまり語彙数などの経験の影響を受けやすいとされる知能は，80歳ぐらいまで低下しないということが明らかにされています。老人の知能の生涯発達を，世代差を考慮に入れて検討したバルテスらの研究からも，老人の有能さが明らかにされているのです。このようなことからも，中年期から老年期にかけて充実した生活を送ることは可能です。しかし，現実には，十分な余暇活動を愉しめるほどあまいものではないかもしれません。それは自分を愛してくれた両親の介護を考えるときで，家族内の老親介護の問題がわき出る時期にあたるからです。

　もっとも，古より老人が無能で不必要なものだと考えられていたわけではありません。村の長老やインディアンの老首長，おばあちゃんの知恵，あるいは，スターウォーズの老師ヨーダ等の名前を出すまでもなく，老人は若者がもちえない長い生活経験と豊かな英知があると考えられていて，それが眼前に困難な課題解決が要求されるときに役に立つようです。また，「姥棄て山（親棄て山）」という有名な民話（伝承）のように，貧しい村で食料が底をついてなくなってきたとき，食い扶持を減らすために子が実母の老婆を山へ置き去りにするという話がありますが，民話を検討した柳田國男によれば，この話のような多くの「姥棄て山」民話は，じつのところ，親を捨てきれずに家族に戻ってきて再出発をする，新しい村を見つけたのでその老婆とともに暮らすなどという結末になっており，親を見捨てて殺したりはしないようです。つまり，家族の在宅介護，すなわち高齢者を家族のなかの豊かな人間関係で支えていこうという姿勢がみられるのです。

　ただ，今日の高齢者の介護は，かつての在宅介護とは異なっています。平均寿命が延び，超高齢化社会の先端を行くわが国では，老人がさらに高齢の老人を介護する老老介護になっています。つまり，一・二世代前までは，若い元気な成人が，（平均寿命の短い）老人を短期間在宅介護をしてきたようですが，今

日では異なって、高齢者が超高齢者を長いあいだ、しかも専門的な技術をもって在宅介護に取り組む必要がでてきています。これでは、家族内の介護者（長男の嫁が担っていることが多い）が質のよい在宅介護を十分に提供することはきわめて難しくなっています。ここにおいて、社会的介護というプロの必要性がみられます。家族の人たちは、どちらかというと、むしろ十分な（心理的）愛情を注ぐのが重要で、介護で疲弊していたのでは、家族内の愛情ある人間関係を保持しておくのは不可能になります。

3）家族介護

では、なぜ家族での在宅介護が難しいのでしょうか。わが国では今日まで介護者は多くの場合、前述したように女性、とくに結婚後に同居する嫁であったようです。どうやら樋口恵子のいうように、厚生労働省も近年まで嫁による介護を、高齢者福祉の含み資産であると考えて政策を展開したようです。もちろん婿や男性の介護者がきわめて少ないのは、わが国の文化や社会制度的な要因も絡んでいます。

第一に、わが国は、発達初期の親子の身体接触は十分に見受けられますが、児童期や成人になってからの身体接触がきわめて少ない文化です。欧米人は気軽に抱きついたり、キスをしたりするようなおとなの身体接触が多くみられますが、わが国ではそのような習慣はみられませんよね。まして、一般に男性が自分の母親の介護で、裸体の母親の世話をすることはすすんでできないようです。これには、フロイト的（男児のもつ母親に対する性的願望＝エディプス・コンプレックス）な考え方や、インセスト・タブー（母親との近親相姦の禁止）が働き、規制がかかると考えられています。しかしながら、調査によれば、被介護者である母親も同様に、実の息子に介護されることをあまり望んでいないらしく、近親相姦の禁止によって進化心理学的に広まりにくいことも考えられます。

第二に、沖藤典子によれば、社会的な介護に委ねると、お年寄りは家族の絆がなくなるというおそれをもつと考えられるようです。つまり、豊かな篤志家による貧民の救済からはじまったわが国の福祉の現状では、社会的なサービス（措置）に頼りたくない、あるいは、そこまで落ちぶれていない、という意識

が根強いからと考えられます。

　いずれにせよ，在宅介護をする場合は，社会的介護のプロを上手に利用することが大事で，家族内での愛ある人間関係とともに，高齢者の豊かな生活を保証するのが望ましいと考えられます。

　そもそも人間だけが，老親の介護をするようです。多くの動物は，親との関係をもたないか，短期間家族的な関係をもったとしても発達にしたがって親から離れて，あるいは親が子離れをして生活するパターンをとります。けっして配偶者選択をしてから，あるいは離婚してから，家族に戻ったりすることはなく，親子の関係は終生続くものではないようです。長い人間の歴史のなかで，家族が高齢者と豊かな生活を続けてきていることは，生物進化の流れのなかでは，たいへん有意義なことにちがいないことではあり，そのなかで展開されるユニークな人間関係は重要なものにちがいないと考えられます。

5　家族というユニークなユニット

　ヒトの多くは家族内で人間関係を展開して，子育てをすることで子どもの生存を保証し，同時に社会化・個性化を達成します。ヒトはその子どもとともに，家族のなかで，またその後，社会的なつながりのなかで形成されます。そして成熟した子どもは配偶者選択をし，生殖をとおして次世代の家族を生産することになります。このような進化のメカニズムにしたがって，家族内での人間関係や行動が形成されることになります。現在の家族内や社会での行動が，われわれの次世代家族や子孫の行動を規定し進化させることになるのです。そのとても重要な役割を，家族内での人間関係が担っているのです。

　近年，エルメン（Elmen）などの進化心理学者は，家族を子どもたちが成人しても関係をもつケース（入れ物）と定義しています。この立場によれば，家族は生殖と生存のユニットにあたり，本章でもこの考え方により，家族をユニットとしてとり扱ってきました。

　そもそも鳥類や哺乳類のわずか3％しか，家族を形成することはありません。「家族」とは，親や子にとって生きていくために必要な食物が集中しているゆえに，子どもが自分自身が子どもを産むことができる時期まで両親と住み続けるという特徴をもっていると考えられます。しかしながら，子どもが性的に成

熟した後も両親のもとにとどまることになれば，子どもの生殖が遅くなり，あるいは，両親のもとにいながら子どもを産むのであれば，当然の帰結として，家族がかかえるコストが多大になります。この理由により，家族を形成維持している種は，数が少ないと考えられているようです。

われわれヒトは，家族というユニットのなかで，さまざまな人間関係をとおして，親から養育を受けたり，自身で社会化や個性化したり，子どもの養育をしたり，親の介護までもします。このようにヒトは，家族や親子関係を終生続けるという，生物進化の流れのなかではきわめてユニークな存在と考えられています。

参考文献

エリクソン，E.H.　小此木啓吾（訳編）　1973　自我同一性　誠信書房
オールポート，S.　久保儀明（訳）　1998　動物たちの子育て　青土社
沖藤典子　1999　「介護の社会化」は家族ビッグバンとなりうるか　樋口恵子（編）　対談家族探求　中央法規出版　99-120．
柏木惠子　2003　家族心理学　社会変動・発達・ジェンダーの視点　東京大学出版会
樋口恵子　1999　対談家族探求　中央法規出版
ボウルビィ，J.　黒田実郎・大羽泰・岡田洋子（訳）　1976　母子関係の理論 1　愛着行動　岩崎学術出版
増野潔　1985　家族 FOR BEGINNERS　現代書館
山田昌弘　1999　パラサイト・シングルの時代　ちくま書房
ローレンツ，K.　日高敏隆（訳）　1987　ソロモンの指輪（改訂版）　早川書房
Baltes, P.B., Reese, H.W. & Lipsitt, L.P. 1980. *Life-span Developmental Psychology.* Annual Review of Psychology, **31**, 65-110.
Baruch, G. 1984. *The Psychological well-being of woman in the middle years.* In G. Baruch & J. Brooks-Gunn (eds.), Woman in midlife, pp.161-180. Plenum Press.
Daly, M. & Wilson, M. 1988. *Homicide.* Hawthorne, NY: Aldine.
Elmen, S.T. 1995. *An evolutionary theory of the family.* Proceedings of the National Academy of Science, **92**, 8092-8099.
Kahn, K.L. & Antonucci, T.C. 1980. *Convoys over the life course: Attachment, roles and social support.* In P.B. Baltes & O.G. Brim, Jr. (eds.), Life span development and behavior, **3**, 254-286. Academic Press.
Neugarten, B.L. 1968. *The awareness of middle age.* In B.L. Neugarten (ed.), Middle age and aging, pp.93-98. University of Chicago Press.
Winnicott, D.W. 1953. *Transitional objects and transitional phenomena.* International Journal of Psycho-Analysis, **34**, 89-97.

Note
家族のなかの親と子の「こわぁーい」戦い

　まず，若い男女の一組のカップルをイメージしてください。お互いの愛情も豊かで，これといって取り立てて大きな問題や普通以上のストレスもない，たいへん幸せそうにみえる恋人関係です。

 1) 結婚後，このすてきなパートナーとのあいだで，しかも夫婦ともお互いに望んで授かった子どもをもつようになる新米ママは，いま自分のおなかにいる胎児を非常に大切にすると一般的には考えられますが，本当にそうなのでしょうか？
 2) また，心身とも元気に産まれてきた新生児は，親となったパパやママがもつ愛情豊かな子育てによって，これからずーっと大切に育てられると思われますが，これも本当なのでしょうか？
 3) さらに，新たに2人目の子どもを産んだママは，1番目の子どもと同様に，2番目の子どもも公平にやさしく育てるのでしょうか？

　上の1から3に述べた例のように，多くの場合，ヒトは結婚後に子をもち，これまでの恋人関係から家族という入れ物のなかで，新しく親子関係や夫婦関係などの人間関係を展開することになります。新たに子どもが増えることになれば，これまでの関係につけ加えて，家族にはきょうだい同士の人間関係も生まれます。つまり，家族をもつということで，ヒトは多種類の人間関係のなかで生活することになりますね。

　さて，質問に戻って上記3つの回答を考えれば，何と答えはすべて「No！」ということになります。なぜかというと，ひと口に言えば，赤ちゃんが生まれる前後から，親と子はオドロクべき葛藤のなかで，いろいろな駆け引きをする戦いをしていると考えられるからです。

　妊娠とは，母親と父親の遺伝情報を半分ずつ得ることともいえます。母親の

身体のなかで受精した卵は、今や母親以外の物質が取り込まれた「異物」ということになります。われわれの身体は、進化のプロセスを経て、個体が生存するための多種の免疫システムを有しており、普通は身体外からの「異物」の侵入に対して、それを排出したり「異物」として攻撃したりするようになっています。

「異物」である受精卵自身、今や胎児（8週までは、胎芽）といわれる子どもとなりますが、その子ども自身は大きくなるために、（簡単に話をすれば）母体のなかで栄養分である糖質を横どりする搾取を行います。子どもは大きくなるために、より多くの栄養をとり入れようとしますが、これを自由に許してしまうと、逆に母体のシステムが高血糖や高血圧などでダウンしてしまいます。

つまり、親が栄養分を与えないと子どもは大きくなれず、一方、親がこれを与え過ぎると自身がダウンし、場合によってはお互いが死に至ることもあるようです。親はダメダメ、子どもはもっともっとと、子宮のなかで命をかけたいろいろな駆け引きによる関係が展開すると、ヘイグという研究者は説明します。

動物は自分の遺伝子を受け継ぐ子どもを産んで増やすことが、繁殖での成功につながります。ヒトも同じように動物なので、一般的には子どもを産んで元気に育てようとします。

しかし、産まれた子どもだけを親が一生懸命育て続けていくことは、その子どもが死んだりするなどのリスクがともないますので、あまり繁殖の成功は望めません。よって、2番目の子どもへとチャレンジすることになるのですが、それによって、これまで世話を受けてきている1番目の子どもは、親のこのシフト（移行）に対して困難を感じることになります。

それはまず、新たな妊娠を可能とするために、たとえば親は離乳や断乳するようになります（その結果、排卵がはじまります）ので、1番目の子どもにとっては、これまでの親からの100％の養育がだんだんと少なくなり、子自身の生存も危ぶまれることにもなります。したがって、その子どもは親とのかかわりが減少するこのシフトを危機的に感じ、これまで同様の養育を期待してか、母親からの離乳や断乳に対して断固反対をし、いっそう離れたがらなくなります。このように、子どもが自分の生存を保障しようとして、一方、母親は次の

子をもつことによる繁殖を高めようとすることによって，お互いに出生後の緊張あるやりとりが存在していると，トリバースという研究者は考えています。

追加して，子どもをもうけた夫婦の関係はどのようなものなのでしょうか？
前述したように，ヒトも動物ですので，自身の遺伝子を受け継ぐ子どもを数多くもつことが繁殖での成功につながります。ただし，産まれた子どもを生存させていく子育てそのものには，たいへん大きなエネルギーが必要となりますので，どちらの親にとっても，自身の生存を左右するかもしれません。
そこで男も女も，このエネルギーを要する子育ての仕事を，お互いできるだけ可能なかぎり相手に委ねることによって，それぞれの生存や繁殖行動を保障することができます。この点では，産まれた子どもの世話をしないことや，異なる相手を選ぶ不倫関係を正当化しているのではありませんが，お互いに子育てを押しつけ合う夫婦関係の原型がみえてくるのかもしれませんね。

最後の3つ目の回答については，上記のことからも理解が可能かと思いますが，1番目の子と2番目の子のあいだの，いわゆる，きょうだい関係にも，たいへんな葛藤が存在します。
親からの投資とよばれる，子どもの生存を保障する子育ての内容は，当然のところ，子どもの出生順位によって異なってきます。ヒトの親にとっては，産まれたばかりの非力な2番目の子どもに対しては，その子が生存できるように，より多くの投資を行います。結果として，1番目の子どもにとっては，これまで受けてきた100％の親からの愛情や養育投資は，いつの間にか新たに誕生した2番目の弟や妹へと分散され，それも2番目の彼らにより多くの関心や時間がとられることになります。
また，はじめての子どもという新奇な刺激に対して，若いママやパパは，一生懸命子育てに取り組むことができるようです。家族のなかでのきょうだい間の諍いは，このようなことが原型かもしれませんね。長子（長男や長女）はいつも新しい洋服で，下の子は古着を着せられたり，長子のアルバム写真やビデオは，きょうだいの他の子どもより多いなどの様子からも，長子は優遇されて，このことが結果としてさまざまな葛藤を生じさせているかもしれません。親

の遺産相続に関しても，きょうだい間の争いは少なくないともいわれています。さらに，恐ろしいことには，子どもの年齢が下であるほど子殺しが多いという報告も存在します。きょうだい関係もたいへんなものです。

　以上のように，家族ではさまざまな，少し驚くべき，親子関係・夫婦関係，きょうだい関係などが現実に展開しているようです。映画やテレビでみられるほんわかした，助け合いの人間関係とはほど遠い様相が見受けられるのかもしれませんが，このことで家族関係がたいへんなものという認識は困ります。
　ヒトはこの関係がうまくいくように，さまざまな進化をしてきました。命をかけた親子関係の裏には，母親の子どもに対する非常に大きい無比の愛情という感情がありますね。よい夫婦関係には，年を重ねることによっても消失しない，お互いの相手を大切にしたいと考える，共感感情が存在します。また，きょうだい関係があまりよくなくても，子ども時代は多くの場合，血縁関係のない他人よりもずーっと仲よくしたり配慮したりするような（自分が犠牲になっても）利他的行動をしますよね。このように，家族が存在することによって，すばらしい感情や行動が進化してきたといわれているのです。

5章
人間関係の展開

　大学の入学式が終わった後，多くの学生は，興味があるサークルの見学へ行くことが多いでしょう。同じような興味をもった新入生が一堂に集まり，互いに自己紹介をします。そのような状況のなか，あなたはある新入生を見かけました。その新入生は，うつむき加減で，なかなかまわりの人と打ち解けて話すことができないようです。あなたは，「この人は，初対面の人と話す機会に慣れてなく，緊張しているんだな」と推測し，自ら積極的にその新入生に声をかけるようにしました。その新入生は，最初は緊張がほぐれなかったのですが，話しているうちに徐々に顔が生き生きとしてうれしそうな表情を示しました。あなたは，新入生のそのような表情を見て，自分までうれしく感じました。
　このような光景は4月中，大学のあちらこちらで見かけることができます。他者とうまく打ち解けるには，上記の例のように，他者が何を考えているのかを推測したり，他者が感じていることを自分も感じたりする必要があります。前者のような他者の心的状態を推測するこころの働きを心の理論（Theory of Mind），後者のような他者と感情を共有するこころの働きを共感性（Empathy）とよびます（図5-1）。本章では，人間関係の展開に重要な役割を果たす心の理論と共感性に関する研究を紹介し，またそのようなこころの働きが社会行動に果

```
1. 心の理論（Theory of Mind）
   ・他者の抽象的な信念や意図を理解する能力

2. 共感性（Empathy）
   ├ 情動的側面
   │   ・他者と感覚を共有する能力
   └ 認知的側面
       ・自他を区別する能力
```

図5-1　他者理解の2つの経路
（Bird *et al.*, 2010 をもとに作成）

たす役割を示します。

1節 他者理解

1 心の理論

　心の理論とは他者に心を帰属させ，他者がもつ信念・欲求・意図を理解する能力のことと定義されます（Premack & Woodruff, 1978）。このような能力をもつことで，私たちは，他者もまた独自のこころをもつことを理解し，自分とは違った信念をもつと理解します。心の理論は，およそ4歳ごろから発達すると考えられていて，6歳児では，そのほとんどの子どもが心の理論をもつとされています（Wimmer & Perner, 1983）。

　心の理論の発達を調べる課題として，誤信念課題（False Belief Task）があります。誤信念課題とは，あるストーリーを紙芝居，もしくは動画という形式で子どもに見せ，その後に質問に回答をしてもらう課題です（図5-2）。

　次の状況を想像してみてください。ある部屋のなかでサリーがボールで遊んでいます。サリーはボールをカゴに片づけて部屋の外へ出ていきました。その後，アンが部屋のなかへ入ってきます。アンはカゴのなかにボールがあるのを見つけ，そのボールを箱へ片づけました。アンはボールを箱へ入れた後，部屋の外へ出ていきました。数分後，サリーが部屋へ戻ってきました。サリーはボールで遊びたいと思っています。このような状況を子どもに見せた後で，子どもに次のような質問をします。「では，サリーはどこを探しますか？」

　心の理論が発達している子どもであれば，自分がもつ信念とサリーがもつ信念は異なることを理解することができるために，サリーはカゴを探すと回答します。なぜなら，サリーは，アンがボールをカゴから箱へ移動させたのを見ていないので，サリーはボールがカゴにあると思い込んでいると推測できるためです。一方，心の理論が発達していない子どもは，自分がもつ信念とサリーがもつ信念が異なることを理解できないために，サリーは箱を探すと回答します。なぜなら，自分はボールが箱にあることを知っているためサリーもそう考えると思うからです。

　筆者らが行った実験では，年少クラス（3歳児クラス）では9％（46名中4

サリー　　　　　　　　　　アン

サリーはボールを自分のカゴに入れました。

サリーは部屋の外へ出かけました。

アンが，サリーがいないあいだにボールをカゴから箱へ移動させました。そして，アンは部屋の外へ出かけました。

サリーはどこを探すでしょうか？

図 5-2　誤信念課題（Baron-Cohen *et al.*, 1985 をもとに作成）

名），年中クラス（4歳児クラス）では 44％（52名中 23名），年長クラス（5歳児クラス）では 73％（48名中 35名）の子どもが誤信念課題に正解するという結果が得られました（図 5-3）。

ここで紹介した誤信念課題は，サリー＝アン課題とよばれるもので，いちばん基本的な課題です（Baron-Cohen et al., 1985）。現在ではさまざまなバリエーションの誤信念課題が存在します。

2　心の理論の神経基盤

私たちが他者のこころを考えるとき，脳のどのような場所が活動するのでしょうか。機能的磁気共鳴画像法（Functional Magnetic Resonance Imaging：fMRI），そしてポジトロン断層法（Positron Emission Tomography：PET）とよばれる脳機能イメージング手法を用いて，心の理論の神経基盤を調べた研究を紹介しましょう。

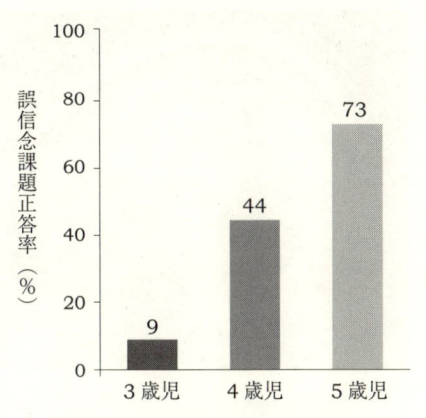

図 5-3　誤信念課題の正答率
（Takagishi et al., 2010b をもとに作成）

ギャラハーらは，ジャンケンを行っている際の脳活動を PET によって調べました（Gallagher et al., 2002）。ジャンケンは自分の手を決める際に，相手がどのような手を出すか予測しなければなりません。ギャラハーらの実験では，他者とジャンケンをしている状況と，コンピュータが相手になってジャンケンをしている状況が条件として用いられました。後者の場合は，コンピュータがある一定のルールにもとづいて手を決定すると参加者は事前に告げられていました。つまり，前者の状況における脳活動から後者の状況における脳活動を引くことで他者の心を推測する状況において強く活動する場所を特定することができるのです。実験の結果，コンピュータが相手になっている状況よりも，人が相手になっている状況において内側前頭前皮質（Medial Prefrontal Cortex）の強い活動がみられました。

これまでの研究の結果，内側前頭前皮質以外にも，上側頭溝（Superior Temporal Sulcus），側頭頭頂接合部（Temporo-parietal Junction），側頭極（Temporal Pole）などの関与が明らかになっています（Frith & Frith, 2003；Bird et al., 2010）（図 5-4）。

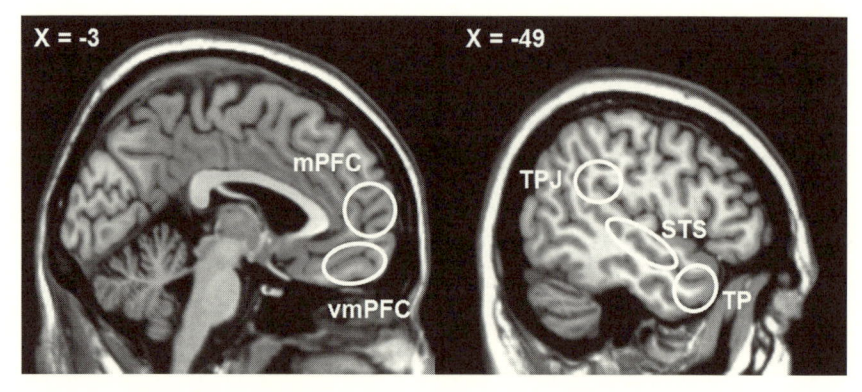

mPFC = 内側前頭前皮質，vmPFC = 腹内側前頭前皮質，上側頭溝 = STS，
側頭頭頂接合部 = TPJ，側頭極 = TP

図5-4　心の理論の神経基盤

　近年では，他者の信念や知識などの推測といった認知的な心の理論（Cognitive Theory of Mind）と，他者の感情状態の推測といった情動的な心の理論（Affecitive Theory of Mind）を区別し，それぞれの神経基盤を探る試みが行われています（Shamay-Tsoory et al., 2006；2007）。シャメイ=ツーリらの研究によれば，情動的な心の理論の関係部位は，認知的な心の理論の関係部位よりも下方にある腹内側前頭前皮質（Ventro Medial Prefrontal Cortex）であることが明らかになっています。

3　霊長類における心の理論

　プレマックらの論文が公刊された30年後の2008年，進化人類学者のトマセロは，「チンパンジーは心の理論をもつのか？：30年後」という論文を発表し，その論文のなかでチンパンジー（Pan Troglodytes）は他個体の意図や目標，そして，知覚や知識の理解はできるが，信念の理解はできないと結論づけました（Call & Tomasello, 2008）。トマセロは，チンパンジーは人間とは異なる方法で他個体を理解していると主張します。つまり，チンパンジーは，他個体が世の中を知覚し，その知覚にもとづいて行為をするだろうと推測する知覚-目標心理学（Perception-goal Psychology）を用いて他個体を理解するのに対して，人間の場合は，他者は世の中に対する心的表象をもっており，そ

の心的表象にもとづいて行為をするだろうと推測する信念–欲求心理学（Belief-desire Psychology）を用いて他者を理解しているのです。つまり，他者がもつ信念を推測し他者を理解する能力を心の理論と定義すれば，チンパンジーは心の理論をもたないということになります。

　また，トマセロらのグループは，チンパンジーとボノボの認知能力を比較した数多くの実験から，チンパンジーは道具使用に関して重要だと考えられる物理的な因果関係の推測に長けているのに対して，ボノボ（Pan Paniscus）は社会的な状況における推測に長けていることを明らかにしました（Herrmann et al., 2010）。チンパンジーの社会は競争的であり，ボノボの社会は協調的であることを考えると，社会的環境が異なればまた異なる認知能力が要求されることを実験結果は示唆しています。

4　自閉症と心の理論

　自閉症（Autism）とは，対人的相互反応における質的な障害，コミュニケーションの質的な障害，そして行動，興味，および活動の限定された反復的で常同的な様式といった特徴をあわせもつ発達障害のことです（APA, 2000）。
　バロン=コーエンらは，自閉症児は定型発達児よりも誤信念課題の正答率が低いという実験結果から，自閉症児は心の理論が未発達であるというマインド・ブラインドネス仮説（Mind Blindness Hypothesis）を提唱しました（Baron-Cohen, 1995）。自閉症児が誤信念課題の成績が悪いことは，これまで多くの実験によって示されてきましたが，他者理解の能力を測定する代表的な課題として目から心を読むテスト（Reading the Mind in the Eyes Test）があります（Baron-Cohen et al., 2001a）。このテストは，目の周辺が写っている写真を見て，その人物が感じていることを推測するというテストです。バロン=コーエンらは，アスペルガー障害（Asperger Disorder）の子どもを対象に目から心を読むテストを実施しました。アスペルガー障害とは言語能力の障害がない自閉症のことです。実験の結果，アスペルガー障害の子どもは，定型発達児に比べ目から心を読むテストの成績が悪いことが明らかになりました（Baron-Cohen et al., 2001b）。つまり，アスペルガー障害の者は，他者がどのような気持ちでいるのか，また他者が何を感じているのかを推測することが

苦手であることをバロン=コーエンらの研究結果は示しています。

5 共感性の神経基盤

　心の理論は他者の心的状態を表象し他者を理解する能力であるのに対して，共感性は他者と感情を共有することで他者を理解する能力のことです。事故によって家族を失った被害者がインタビューを受けている映像をテレビで見かけると自分まで悲しくなってしまったり，大学受験に合格した学生が喜びを爆発させている映像を見ると自分までうれしくなったりという経験は誰でもあることでしょう。他者の悲しみを一緒に悲しんだり，他者の喜びを一緒に喜んだりすることは，その人との結びつきを強いものにするでしょう。また，他者の痛みが共感できるならば他者への危害行動は大きく抑制されるでしょう。このように，共感性という能力は社会生活をうまく送るうえで必要不可欠であると考えられます。

　近年，他者の痛みへの共感に関する認知神経科学的な研究が数多く行われ，心の理論とは異なる神経基盤があることが明らかになっています。シンガーらは，fMRI装置を用いて共感性に関係する脳部位を明らかにしました（Singer et al., 2004）。シンガーらの実験では，16組のカップルが実験に参加しました。まず女性がfMRI装置のなかへ入り，男性は隣の部屋で待機しました。女性はfMRI装置のなかで男性の手に電気ショックが与えられる映像，もしくは自分の手に電気ショックが与えられる映像を見ました。実験ではその2つの映像を見ている際の女性の脳活動が測定されました。実験の結果，男性が電気ショックを受けたのを見た場合，前帯状回（Anterior Cingulate Cortex）と島皮質前部（Anterior Insula）などの賦活がみられました（図5-5）。またこの場所は，自分が電気ショックを受けた場合においても強く活動しました。この結果は，参加者にとっては他者が感じている痛みが，まるで自分の痛みのように感じていたことを示しており，前帯状回や島皮質前部が他者の痛みへの共感に強く関係していることを示しています。

　また，シンガーらの研究で興味深いのは，これまで心理学において共感性の個人差を測定してきた2つの心理尺度（Mehrabian & Epstein, 1972；Davis, 1980）と前帯状回，島皮質前部の活動の程度に関連がみられたということで

す。つまり，共感性尺度で測定した共感性の程度が高い人ほど，男性が電気ショックを受けている映像を見た際に前帯状回，島皮質前部の活動の程度が大きかったのです。この結果は，共感性尺度の心理尺度としての妥当性を裏づける重要な知見です。

シンガーらの研究をもう1つ紹介しましょう（Singer et al., 2006）。参加者はまず第1実験として，他の参加者と順次付き囚人のジレンマゲーム（Sequential Prisoner's Dilemma Game）を行いました。

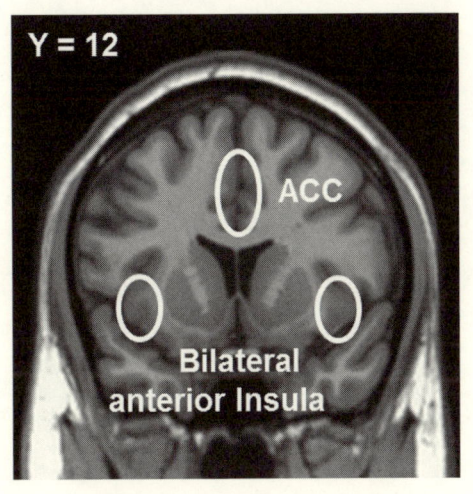

ACC = 前帯状回，
Bilateral anterior Insula = 両側島皮質前部

図5-5　共感性の神経基盤
（Singer et al., 2004 をもとに作成）

順次付き囚人のジレンマゲームとは，2人1組で行う経済ゲームであり，まず第1プレイヤーは10ポイントを受けとり，相手に提供するかどうかを決めます。相手に提供した場合，第1プレイヤーのもつ10ポイントは3倍の30ポイントにされて第2プレイヤーへ渡されます。逆に，相手に提供しない場合は，第1プレイヤーは10ポイントをそのまま受けとります。続いて，第2プレイヤーは，第1プレイヤーから渡された30ポイントのうち0から10ポイントのあいだで第1プレイヤーへ自由に返報することができます。第1プレイヤーへ返報されたポイントは3倍にされて第1プレイヤーへ渡されます。参加者はすべて第1プレイヤーの役割に割り当てられ，2人の相手（A・B）とそれぞれゲームを数回行いました。相手A・Bはじつはサクラであり，事前に実験者が決めたとおりの決定を行っていました。具体的には，相手Aは参加者が提供してくれた場合，参加者へ多くのポイントを返報したのですが，相手Bはほとんど返報しませんでした。

続いて第2実験では，参加者はfMRI装置のなかへ入り，自身が電気ショックを受ける状況，相手Aが電気ショックを受ける状況，相手Bが電気ショッ

クを受ける状況の3つの映像を見ました。先述したシンガーらの実験と同様に，その際の参加者の脳活動がfMRI装置で測定されました。実験の結果，自身が電気ショックを受けた場合と相手Aが電気ショックを受けた映像を見た場合に共通して島皮質前部の活動がみられました。この結果は，提供を返報してくれた相手Aに対しては共感し，相手Aの痛みが自身の痛みのように感じられたことを意味しています。一方，相手Bに対しては，女性参加者においては弱いながらも島皮質前部の活動がみられましたが，男性参加者においては島皮質前部の活動がまったくみられないという結果が得られました。この結果は，男性参加者は提供を返報しなかった相手Bに対してはまったく共感しなかったことを示しています。つまり，私たち人間は誰に対してでも無条件に共感するわけではなく，共感するか否かは相手の性質に依存していると考えられます。また，その傾向には性差があることがシンガーの研究の結果から明らかになりました。

　共感からは話がそれますが，この研究ではもう1つ興味深い結果がみられました。それは，男性参加者において相手Bへ復讐をしたいと思う程度と側坐核（Nucleus Accumbens）とよばれる主観的な報酬（うれしさ）に関与する場所の活動の程度に正の相関関係がみられたのです（図5-6）。この結果は，提供を返報しなかった相手Bへ復讐をしたいと思っていた参加者ほど，相手Bが電気ショックを受けた状況を目撃した際にうれしさを感じていたことを意

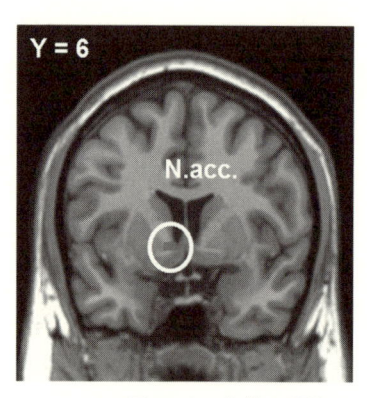

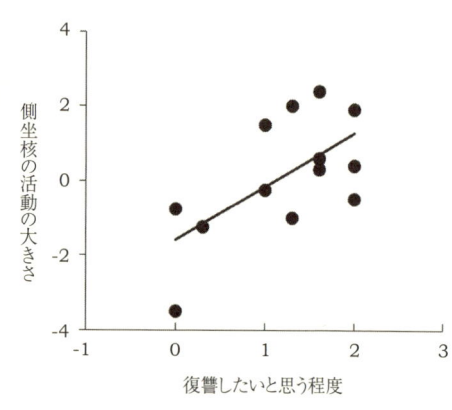

図5-6　復讐の動機とうれしさ（Singer *et al.*, 2006をもとに作成）

味しています。シンガーらの研究は，痛みに関係する共感性の神経基盤を明らかにすると同時に，「復讐は蜜の味」ということばを科学的に証明したのです。

6　共感性の欠如とサイコパス

先にあげた，自閉症児は心の理論のみならず共感性にも障害を示すことが明らかになっていますが（Baron-Cohen & Wheelwright, 2004），サイコパス（精神病質，Psychopath）とよばれる人々も共感性の欠如がみられることが明らかになっています（Blair, 2003）。サイコパスとは，良心の呵責や行動抑制の不全を特徴とした人格障害の1つです（Hare, 1991）。サイコパスの者は他者の恐怖や悲しみに鈍感であり（Blair, 2001），他者に対して重篤な危害を加えることがあります（Hare, 1991）。これらは共感性の欠如に原因があると考えられており，その生物学的な基盤の解明がすすめられています。興味深いことにサイコパスは，共感性は欠如しているが心の理論は正常であることが明らかになっています（Blair et al., 1996）。つまり，相手が考えていることはよく理解できるが，他者にまったく共感しない人たちなのです。

2節　社会行動との関連

前節では心の理論と共感性についての研究についてふれ，自閉症やサイコパスといったそれらの認知能力が欠如している発達障害，そして人格障害について説明を行いました。心の理論や共感性は人間においてとくに高度に発達しており，私たちの社会生活を支える重要な能力であることは間違いありません。本節では，心の理論が分配行動や罰といった社会行動にどのような役割を果たしているのかをいくつかの実験を紹介しながら説明します。

1　資源分配行動と心の理論

私たちは生まれてからしばらくのあいだ，母親や父親といった保護者から無償の愛を受けることが多いでしょう。この時期は，自分が要求すればたいていのことはかなえてもらうことができます。しかし，やがて3，4歳になると同世代の子どもたちと接する機会も増え，他者と仲よくやっていく必要に迫られ

ます。他者と仲よくやっていくためには，つねに自分の欲求を満たすような行動のみをすることはできず，欲求を抑制する必要があります。他者の気持ちを考えることや，他者の視点に立ち意思決定をすることは，私たちが社会という集団状況で暮らす以上，必要不可欠でしょう。

たとえば，次の状況を考えてみてください。あなたが友人数人と一緒にコンビニへお菓子を買いに行ったとします。あなたたちは各々が出し合ったお金でお菓子をたくさん購入しました。その後，あなたたちは大学へ戻りお菓子を友人のあいだで分けることにしました。このような状況に直面した場合，あなたはどのような分け方をするでしょうか。平等に分けると回答する人もいるし，提供したお金の量によって分けると回答する人もいるかもしれません。また，おなかをすかせた者に対して多くのお菓子を分けると回答する人もいるでしょう。しかし，お菓子をひとり占めすると回答する人はいないでしょう。それは，自分勝手な行動をすると，他者からネガティブな反応が起こると私たちが推測しているためです。たとえば，お菓子をひとり占めしてしまうと仲間から怒られたり，反感を買ったりするのは目にみえています。そのような状況が推測できれば，自分の欲求を抑制して，お菓子をひとり占めにするといった行為はしないでしょう。

資源分配状況での行動と他者理解との関連を調べた研究にサリーらの研究があります（Sally & Hill, 2006）。サリーらは，自閉症児（アスペルガー障害児を含む）と定型発達児を対象に最後通告ゲームを実施しました。最後通告ゲームは2名1組で行う経済ゲームであり，分配者がお金を分け，受け手がその分け方を受け入れるか拒否するかを決めます（最後通告ゲームの詳細は6章を参照）。分配者にとって重要なことは，受け手が受け入れてくれる分け方を推測し，受け手が拒否しないように分けることです。サリーらの実験では，自閉症の子ども18名と6歳から10歳までの定型発達児51名が実験に参加しました。自閉症児は前節でふれたように心の理論の障害をかかえていると考えられているため，サリーらはこの2群における行動を比較することで，心の理論が分配行動に与える影響を検討したのです。実験の結果，定型発達児に比べて，自閉症児は受け手への平均分配個数が低いという結果が得られました。特筆すべき点は，自閉症児においては，相手へ何も分配しないという割合が高かった

ことです（図 5-7）。

　また筆者らは 3 歳から 6 歳までの定型発達児 64 名を対象に最後通告ゲームを実施しました（Takagishi *et al.*, 2010a）（図 5-8）。実験では誤信念課題も同時に実施され，対象児の心の理論の有無が測定されました。実験の結果，心の理論が発達していない子どもは心の理論が発達している子どもに比べて受け

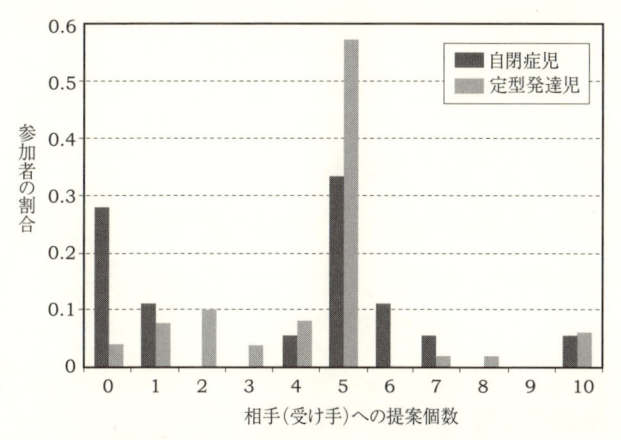

図 5-7　最後通告ゲームの提案個数（Sally & Hill, 2006 をもとに作成）

図 5-8　筆者らが行った最後通告ゲーム

手への平均分配個数が低いという結果が得られました（図5-9）。また，参加者の年齢やペアの仲の良さに関する効果を統制した場合においても，分配行動に対して心の理論は効果をもっていました。これらの研究結果は，心の理論の発達により人々は他者の心を推測することができるようになるため，他者からのネガティブな反応を避けるようにふるまうようになり，その結果としてひとり占めをする傾向が小さくなることを示しています。

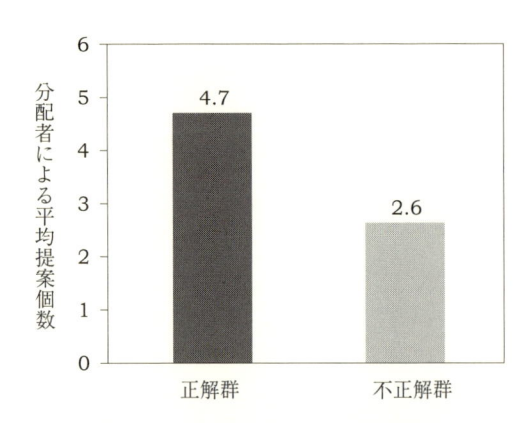

図5-9 平均提案個数と誤信念課題
（Takagishi et al., 2010a をもとに作成）

2 不公平提案の拒否と心の理論

それでは最後通告ゲームにおける受け手の行動はどうでしょうか。サリーらの実験では，定型発達児に比べて自閉症の子どもは最後通告ゲームにおいて不公平な提案を拒否しないという結果が得られています（Sally & Hill, 2006）。また筆者らの定型発達児を対象にした実験では，誤信念課題に正解できないような3歳児であっても不公平な提案を拒否するという結果が得られています（Takagishi et al., 2010a）。また，別の実験では，心の理論の発達とともに不公平提案の拒否が減少するという結果も得られています（Takagishi et al., 2010b）。

これら3つの実験結果は一貫した結果ではないようにみえます。しかし，自閉症児と定型発達児における不公平提案に対する反応性が質的に異なるのであれば，上記3つの実験結果を解釈することができます。

つまり，自閉症児は，不公平な提案に対するネガティブな反応を示すための生物学的な基盤をもたず，定型発達児では発達の初期段階においてその生物学的な基盤が存在するということです。定型発達児においてはその後，心の理論

の発達とともに不公平な提案の拒否行動が環境にあわせて調整されていくと考えられます。自閉症児において不公平な提案に対する生理学的な反応を調べた研究はいまだありませんが，不公平性の知覚に関与する島皮質前部の活動が弱いという実験結果もあり（Silani et al., 2008；Bird et al., 2010），今後の研究の進展が望まれます。

　本章では人間関係の展開に重要な役割を果たす心の理論と共感性についての研究を紹介しました。また心の理論と資源分配行動，不公平提案の拒否行動との関連を検討している研究についてふれました。心の理論や共感性といった能力が人間の利他行動をはじめとした社会行動にどのような役割を果たしているのかを検討している研究はまだ多くはありません。人間は他の生物に比べて他者に対して利他的な傾向をもちますが，今後は人間の利他性の形成に心の理論や共感性が果たす役割を詳細に調べることが望まれます。

　またこの問題を調べるにあたり，筆者が強調したいのは方法論的なパラダイムの一元化です。近年，経済ゲームはさまざまな分野を超えた共通言語となりつつありますが，同じパラダイムを用いることで実験間の結果の比較を容易にすることができます。今後，経済ゲームを用いて成人健常者，定型発達児はもちろん，心の理論に障害をもつ自閉症児，共感性の欠如が特徴であるサイコパス，そして，チンパンジーやボノボといったさまざまな参加者を対象にした実験が行われることが望まれます。

参考文献

American Psychiatric Association. 2000. *Diagnostic and Statistical Manual of Mental Disorders.* 4thEdision（DMS-IV-TR）.

Baron-Cohen, S. 1995 *Mindblindness: An essay on autism and theory of mind.* Cambridge, Massachusetts: MIT Press.

Baron-Cohen, S., Wheelwright, S., Hill, J., Raste, Y. & Plumb, I. 2001a. *The "Reading the mind in the eyes" test revised version: a study with normal adults, and adults with asperger syndrome or high-functioning autism.* J Child Psychol Psychiatry. **42**(2), 241-251.

Baron-Cohen, S., Wheelwright, S., Spong, A., Schahill, V. & Lawson, J. 2001b. *Are intuitive physics and intuitive psychology independent? A test with children with Asperger Syndrome.* Journal of Developmental and Learning Disorders, **5**, 47-78.

Baron-Cohen, S., Leslie, A.M. & Frith, U. 1985. *Does the autistic child have a "theory of mind"?* Cognition, **21**, 37-46.

Baron-Cohen, S. & Wheelwright, S. 2004. *The Empathy Quotient (EQ). An investigation of adults with Asperger Syndrome or High Functioning Autism, and normal sex differences.* Journal of Autism and Developmental Disorders, **34**, 163-175.

Bird, G., Silani, G., Brindley, R., White, S., Frith, U. & Singer, T. 2010. *Empathic brain responses in insula are modulated by levels of alexithymia but not autism.* Brain, **133**, 1515-1525.

Blair, R.J.R. 2001. *Neuro-cognitive models of aggression, the antisocial personality disorders and psychopathy.* Journal of Neurology, Neurosurgery & Psychiatry, **71**, 727-731.

Blair, R.J.R. 2003. *Neurobiological basis of psychopathy.* British Journal of Psychiatry, **182**, 5-7.

Blair, R.J.R., Sellars, C., Strickland, I., Clark, F., Williams, A. & Smith, M., et al. 1996. *Theory of mind in the psychopath.* Journal of Forensic Psychiatry, **7**, 15-25.

Call, J. & Tomasello, M. 2008. *Does the chimpanzee have a theory of mind? 30 years later.* Trends in Cognitive Sciences, **12**(5), 187-192.

Davis, M.A. 1980. *JSAS Catalog of Selected Documents in Psychology 10*, 85 (American Psychological Association, Journal Supplement Abstract Service).

Frith, U. & Frith, C.D. 2003. *Development and neurophysiology of mentalizing.* Philos. Trans. R. Soc. Lond. B. **358**, 459-473.

Gallagher, H.L., Jack, A.I., Roepstorff, A. & Frith, C.D. 2002. *Imaging the intentional stance in a competitive game.* Neuroimage, **16**, 814-821.

Hare, R.D. 1991. *The hare psychopathy checklist-revised.* Toronto, Ontario: Multi-Health Systems.

Herrmann, E., Hare, B., Call, J. & Tomasello, M. 2010. *Differences in the Cognitive Skills of Bonobos and Chimpanzees.* PLoS ONE, **5**(8), e12438.

Mehrabian, A. & Epstein, N. 1972. Journal of Personality, **40**, 525.

Premack, D. & Woodruff, G. 1978. *Does the chimpanzee have a theory of mind?* Behav. Brain. Sci. 1, 515-526.

Sally, D. & Hill, E.L. 2006. *The development of interpersonal strategy: autism, theory-of-mind, cooperation and fairness.* J. Econ. Psychol, **27**, 73-97.

Silani, G., Bird, G., Brindley, R., Singer, T., Frith, C. & Frith, U. 2008. *Levels of emotional awareness and autism: An fMRI study.* Social neuroscience, **3**(2), 97-112.

Singer, T., Seymour, B., O'Doherty, J.P, Kaube, H., Dolan, R.J. & Frith, C.D. 2004. *Empathy for pain involves the affective but not sensory components of pain.* Science, **303**, 1157-1162.

Singer, T., Seymour, B., O'Doherty, J.P, Stephan, K.E., Dolan, R.J. & Frith, C.D. 2006. *Empathic neural responses are modulated by the perceived fairness of others*. Nature, **439**, 466-469.

Shamay-Tsoory, S.G. & Aharon-Peretz, J. 2007. *Dissociable prefrontal networks for cognitive and affective theory of mind: a lesion study*. Neuropsychologia, **45**, 3054-3067.

Shamay-Tsoory, S.G., Tibi-Elhanany, Y. & Aharon-Peretz, J. 2006. *The ventromedial prefrontal cortex is involved in understanding affective but not cognitive theory of mind stories*. Soc. Neurosci, **1**, 149-166.

Takagishi, H., Kameshima, S., Schug, J., Koizumi, M. & Yamagishi, T. 2010a. *Theory of mind enhances preference for fairness*. J. Exp. Child Psychol, **105**, 130-137.

Takagishi, H., Kameshima, S., Schug, J., Koizumi, M., Fujii, T. & Yamagishi, T. 2010b. *Cognitive and emotional perspective-taking in economic decision-making in the ultimatum game*. Hokkaido University, Center for the Sociality of Mind Working paper series, **114**.

Wimmer, H. & Perner, J. 1983. *Beliefs about beliefs: representation and constraining function of wrong beliefs in young children's understanding of deception*. Cognition, **13**, 103-128.

Note
幼児の心の理論の発達

　本章で述べたように,他者の心的状態を推測する能力である心の理論は,これまで4歳頃に発達すると考えられてきました（Wimmer & Perner, 1983）。その根拠は,3歳では誤信念課題に正解することができないけれども,4歳では正解することができるという結果が顕著にみられているためです。

　しかし,近年の研究では,15カ月という発達の初期段階から人は他者の心的状態を推測する能力を獲得しているという研究報告もあります（Onishi & Baillargeon, 2005）。オーニシらは,誤信念課題のように実験者が子どもにたずねて言語で回答させるような課題ではなく,子どもの注視時間を測定することで15カ月の子どもでも他者の信念を理解していることを,以下に説明する「スイカ課題」によって示しました。実験課題は少し複雑なので,ここではオーニシらが行った実験の一部分だけを説明します。

　まず実験の前段階として,子どもに次の映像を見せました。ある女性の前に緑の箱と黄色い箱の2つの箱が置いてあります。また,そのあいだにはスイカの形をしたおもちゃが置いてあります。女性はスイカのおもちゃで遊び,おもちゃを緑色の箱へ片づけました。この映像を見た子どもは,スイカのおもちゃは緑色の箱にあることを理解します。つぎに,女性が不在の状況でスイカのおもちゃが緑色の箱から黄色い箱へ移動する映像を子どもに見せます。この映像を見た子どもは,スイカのおもちゃは黄色い箱にあると考えます。しかし,女性はスイカのおもちゃが移動したことを見ていませんので,女性はスイカのおもちゃがある場所に対して誤った信念をもっているという状況です。

　以上の映像を見た後に,子どもに女性が緑色の箱に手を伸ばす映像,もしくは黄色い箱に手を伸ばす映像を見せました。実験ではその際の子どもの注視時

間を測定しました。子どもは，自分が予想した出来事とは反する出来事のような状況が生じると，その出来事に対して注目する傾向をもつことが発達心理学の実験によって明らかになっています。それをふまえると，オーニシらの実験での予測は以下のようになります。

　もし15カ月の子どもが女性の信念を理解できるならば，女性が緑の箱へ手を伸ばす映像を見た場合よりも，女性が黄色い箱へ手を伸ばす映像を見た場合のほうが，注視時間が長くなると予測できます。なぜなら，女性が見ていない状況でスイカのおもちゃが緑色の箱から黄色の箱へ移動したのですから，女性はおもちゃが緑の箱のなかにあると誤って思っていると考えるからです。つまり，女性はスイカのおもちゃが黄色い箱へ移動したことを知らないにもかかわらず，黄色い箱へ手を伸ばすという状況に対して子どもが驚くために，注視時間が長くなるというわけです。

　逆に15カ月の子どもが他者の信念を理解できないのであれば，子どもは黄色い箱へ手を伸ばす映像を見た場合よりも，緑の箱へ手を伸ばす映像を見たほうが注視時間は長くなると予測できます。なぜなら，参加者はスイカのおもちゃが緑の箱から黄色い箱へ移動したのを見ていたので，女性も黄色の箱のなかにおもちゃが入っていると考えると思うからです。

　実験の結果，15カ月の子どもでも他者の信念を理解できるとことを支持する結果が得られました（図5-10）。この実験は，注視時間を測定することでこれまで言語能力が影響すると考えられてきた誤信念課題の問題点を解決した点，そして，15カ月の子どもでも他者の信念を理解できる

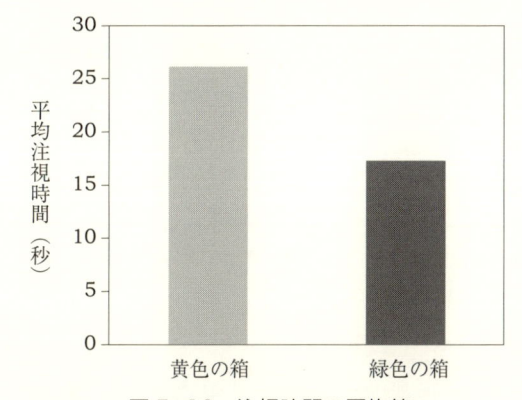

図5-10　注視時間の平均値
（Onishi & Baillargeon, 2005をもとに作成）

ことを示した点で非常に重要な研究といえます。

Onishi, K.H. & Baillargeon, R. 2005. *Do 15-month-old infants understand false beliefs?* Science, **308**, 255-258.

6章
社会での人間関係

　あなたはこの本をどこで読んでいるでしょうか。もし図書館で読んでいるならば，あなたはまわりの人の邪魔にならないように静かに本を読んでいることでしょう。もし大学の教室で読んでいるのなら，あなたはサークル活動の話題で盛り上がる人たち，週末に遊びに行く予定を話し合う人たち，そして授業単位のためにノートの貸し借りをする人たちを目にするでしょう。

　このように私たちは，他者から影響を受け，そして同時に他者に影響を与えるといったかかわり合いを日々生活するなかで行っています。そのようなかかわり合いは，大学生活のなかだけではなく通学する途中で乗る電車，駅といったさまざまな場所でも行っています。また大学を卒業した後も，さまざまな他者とかかわり合っていくことになるでしょう。私たちは，社会で生活するなかで，ノートの貸し借りといったように他者を助けたり，また他者から助けられる経験をします。また，ゼミなどで行うグループ課題では，課題をサボる仲間に対して憤りを感じたり，注意をしたりすることもあるでしょう。

　この章では，利他性（Altruism），公正感（Fairness）といった他者とのかかわりにおいて重要であるこころの働きに関して，まず具体的な例を示した後で理論の説明を行います。

1節　利他性

1　利他性の不思議

　次の2つの状況を想像してみましょう。仲のよい大学のクラスメイトが急に高熱を出して，今日中に大学へ提出しなければいけないレポートを出すことができなくなってしまいました。レポートを提出できないと単位はもらえませ

ん。大学へ来たあなたは，共通の知人からそのことを聞きました。このような状況に遭遇した場合，あなたはどのような行動を行うでしょうか。

　続いては2つ目の状況です。あなたは日本国内のとある温泉街へ旅行に来ています。その温泉街は家から非常に遠く，今後訪れる機会があるかどうかわからないようなところにあります。夜，あなたが道を歩いていると地元の人が向こうから歩いてきました。どうやらその人は，歩いているあいだに家のカギをどこかへ落としてしまったようで困っています。このような状況に遭遇した場合，あなたはどのような行動を行うでしょうか。

　もちろん最初の例でも2番目の例でも，相手を助けてあげると答える人は多いでしょう。しかし，2つの状況それぞれについてどのくらい相手を助けてあげたいかを比較してみると，多くの場合は2番目の例よりも1番目の例において相手を助けてあげたいと強く思うのではないでしょうか。このように相手を助けてあげたい，相手の役に立ちたいと思う気持ち，そして相手を助けるような行為を総称して利他性とよびます。

　ここで疑問が1つ生じます。なぜ，1番目の例と2番目の例で利他性の程度が異なるのでしょうか。2つの状況はいろいろな点で異なるので，直接比較をすることはできないかもしれません。しかし，いずれの状況においても相手は困っていて，あなたが助けてあげればその困った状況を解決することができるかもしれません。それにもかかわらず，私たちはなぜ，1番目の例において，より強く相手を助けてあげたいと思うのでしょうか。また，2つの状況はいずれもあなた自身にとっては直接被害がおよばない状況です。友だちの家までレポートをとりに行き，それを大学に提出したり，土地勘のないような場所で真っ暗闇のなか，道に落ちているカギを見つけたりといったことは少し面倒に思えます。仮に，困っている人が目の前にいたとしても，見て見ぬふりをすれば面倒なことに巻き込まれなくてすみます。それにもかかわらず，なぜ，私たちは他者を助けたいと思うのでしょうか。

　この本では，人間の行動や心理を進化の観点から説明することを目的としています。このような立場に立つと，利他性の不思議さは浮き彫りになってきます。

　たとえば，人を助けたいという気持ちでいっぱいのAさんが，上記の1番

目の状況に遭遇したとします．Aさんは人を助けたいと思っているので，高熱を出した知り合いのレポートを代わりに大学へ提出しようとします．また別の日にも似たような状況に出くわすかもしれません．さらに，試験前には多くのクラスメイトから，授業ノートをコピーしたいので貸してと頼まれるかもしれません．しかし，Aさんのように困った人を見つけてはすべての人を助けようとすると，自分が勉強する時間もなくなってしまい，試験でよい点がとれなくなってしまうかもしれません．

また一方で，できるかぎり他人に頼ろうと考えているBさんがいるとします．Bさんは他者を助ける気はまったくありません．つまり利他性がない人だと考えてください．Bさんは授業には毎回出席せずに，試験前になるとかならずAさんの授業ノートをコピーします．

このようにAさんとBさんという性格の大きく異なる2人の学生がいた場合，どちらが要領よく試験でよい点をとることができるでしょうか．Bさんは必要最小限の時間（Aさんの授業ノートをコピーする）のみで試験でよい点数をとることができます．一方，Aさんは毎回授業に参加しなくてはいけないため，試験でよい点をとるためにはBさんに比べてより多くの時間をかけなくてはなりません．その環境において，よりうまくやっていける性質が増えていくのが進化の原理ですから，Aさんのような人はしだいにいなくなり，社会で暮らすほとんどの人はBさんのような利他性をもたない人になってしまうはずです．しかし，世の中には利他性をもつ人が存在することは誰も疑う余地のないことでしょう．

それでは，この一見矛盾しているようにみえる話はいかにして説明できるのでしょうか．人々が利他性をもつようになった「しくみ」を次に説明します．

2　間接互恵性

なぜ人々は利他性をもつのかという問いは，主に進化生物学とよばれる学問分野で古くから重要なテーマの1つとされてきました（長谷川・長谷川，2000）．これまで血縁間での利他性を説明する血縁淘汰説（Kin Selection）（Hamilton, 1964），長期的なつきあいのある2者間での利他性を説明する互恵的利他主義（Reciprocal Altruism）（Trivers, 1971）など利他性を説明する理論が

提唱されてきましたが，近年注目を集めている理論に間接互恵性（Indirect Reciprocity）（Nowak & Sigmund, 1998）があります。

間接互恵性とは，「情けは人の為ならず」ということばで表されるように，他者に対する利他性がまわりめぐって第三者から返報されることを意味しています。進化生物学者のノワックらは，他者への利他性は，評判を介して第三者から報われるために，長期的な視野でみると多くの利益を獲得することができると主張し，それを進化シミュレーションという手法によって示しました（Nowak & Sigmund, 1998）。彼らの議論を簡潔にいうと，すべての人々が"利他的にふるまう者に対して利他的にふるまい，そうでない者に対しては利他的にはふるまわない"という行動原理をもつのであれば，利他性をもっていないよりも利他性をもっていたほうが多くの利益を得られるということになります。つまり，他者への利他性はその者にとってはコストをともなう行為であったとしても，後々それを上回る利益を得られるため，人々は利他性をもつようになったという考え方です。人々が実際にこのような行動原理をもつことは実験によって示されています（Wedekind & Milinski, 2000）。

また行動原理だけでなく，間接互恵性を支える重要な概念は「評判」です。評判とはある人物の過去の行動履歴が集約された情報のことですが，評判が多くの人に広まれば広まるほど，他者への利他性は大きな意味をもつことになります。なぜならば，自分の評判が100人に知れわたるとしたら，1人の他者への利他性は，100人から利他的にふるまってもらうチャンスを生むことになるからです。逆に考えると，他者に対して利他的にふるまわなければ，誰からも利他的にふるまってもらえないことになります。進化生物学者のダンバーは，私たちが行う会話の内容の多くが，社会的な情報の交換であることを強く主張しています（Dunbar, 1998）。誰と誰がつきあっている，誰と誰がけんかした，誰それが約束を破ったなどといったいわゆるゴシップの交換は，その情報を共有する人数を増やすことで，間接互恵性の成立において重要な役目を果たしていると考えられます。

3　独裁者ゲームと評判

他人の評判は聞いていておもしろいものですが，自分の評判が誰かに知れわ

たる状況というのはとてもストレスがかかる状況ではないでしょうか。評判の流布が人々の利他性を進化させる大きな原動力となったのであれば、私たち人間は自身の評判を気にする心理傾向を獲得していてもおかしくはありません。他者から評価されるような状況に直面すると、私たちは緊張し不安になることは誰でも経験があるでしょう。自身の評判に対する敏感性は実験室実験や、現実場面における実験によって示されています（Haley & Fessler, 2005；Izuma, Saito & Sadato, 2009；Mifune, Hashimoto & Yamagishi, 2010）。いくつかの実験を次に紹介しましょう。

　ヘイリーらは独裁者ゲーム（Dictator Game）とよばれる経済ゲームを用いて、自身の評判への敏感性が利他性に与える影響に関する実験を行いました（Haley & Fessler, 2005）。独裁者ゲームとは2名1組で行うゲームであり、片方が分配者、もう片方が受け手とよばれる役割に割り当てられます。まず分配者が実験者からいくらかのお金を受けとり、それを自身と受け手とのあいだでどのように分けるかを決めます。分配者が決めた後に、両者はお金を受けとってゲームは終了します。

　ゲームは非常に単純なものですが、彼らの実験では1つおもしろい仕組みがありました。それは分配者がお金をどのように分けるかを決める際に、コンピュータの画面上に目の絵が表示されている場合と実験室の写真が表示されている場合の2つの状況が設けられたのです（図6-1）。参加者は目の絵、もしくは実験室の写真のいずれかの状況にランダムに割り当てられました。実験の結果、実験室の写真が表示されている場合よりも、目の絵が表示されている場合のほうが他者に対してより多くのお金を渡したという結果が得られました。つまり、目の絵が自身の評判への敏感性を高め、その人の利他性を高めたのです。この実験のおもしろいところは、パソコン上に目の絵が表示されるだけで利他性が高まるという点にあります。実験では、参加者が決定した結果が他者に知

図6-1　ヘイリーらが用いた目の絵
(Haley & Fessler, 2005)

らされるということはなく，参加者はそれを理解したうえで実験に参加しています。それにもかかわらず，目という刺激が提示されるだけで私たちの利他性は高まったのです。この実験の結果は，私たち人間が，誰かから見られている，評価されているという状況に対していかに敏感に反応しているかを示す重要な知見です。

4　内集団への利他性と評判

　ヘイリーらの実験を受け，三船恒裕らは利他性における目の効果が内集団成員に対してのみに生じることを報告しています（Mifune, Hashimoto & Yamagishi, 2010）。三船らの実験とヘイリーらの実験で異なる点は1つだけです。三船らの実験では，独裁者ゲームを行う前に，参加者に簡単な絵画の好みテストを行ってもらい，絵画の好みにもとづいて参加者を2つのグループに分けました。このように絵の好みという非常に些細な基準にもとづいて参加者をグループに分けて実験を行う手法のことを最小条件集団パラダイム（Minimum Group Paradigm）とよび，社会心理学では多くの実験で用いられています（Tajfel, 1970；Yamagishi & Mifune, 2008, 2009；Yamagishi *et al.*, 2008）。そして，参加者は独裁者ゲームを行う際に，内集団（自分と絵の好みが似ているグループに所属する者）か外集団（自分と絵の好みが似ていないグループに所属する者）のいずれかを相手にして決定を行いました。実験の結果，ヘイリーらの実験と同様にパソコンの画面に風景の絵が表示された場合よりも，目の絵（図6-2）が表示された場合において人々はより多くのお金を受け手に渡すことが明らかになりました。またその傾向は，外集団相手にはみられず，内集団相手のみにみられたのです（図6-3）。

　内集団相手のみに目の効果が生じるとはどういうことなのでしょうか。他者に対する利他性はまわりめぐって第三者から返報されることは前述しましたが，そこでの重要な点は評判だったことを思い出してください。評判というのはうわさ話などを通じて広がっていきますが，その多くは同じサークルのなかや同じ大学のなかで広まります。日本の知らない場所や遠い外国で，自分の評判が広まるということは余程のことがないかぎりはありえません。だとすれば，私たちが自身の評判を気にする必要があるとすれば，それは評判が伝わるような

図 6-2　三船らが用いた目の絵
(Mifune et al., 2010)

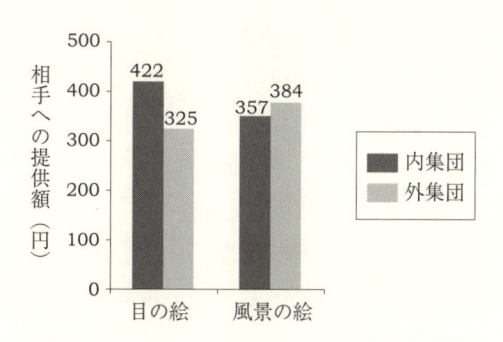

実験では分配者は 900 円を 2 人のあいだでどのように分けるかを決める。

図 6-3　受け手への平均提供額（円）

内集団相手のときであると考えられます。

　この節の最初に，高熱を出してレポートを出せなかった知り合いの例と，旅行先で出会ったカギを落としてしまった人の例をあげました。前者においては自分の知り合いを助けるか否かの判断になり，後者においては見知らぬ土地の人を助けるか否かの判断になります。間接互恵性，そして三船らの実験結果は，この 2 つの状況に対する読者の気持ちや考えをうまく説明することができます。つまり，自身の評判が重要な意味をもつ内集団相手であれば，その者に対して利他的にふるまうことは長期的には得をする状況になります。また見知らぬ土地の人が相手であれば，自分の評判はあまり関係ないので，そのような状況で利他的にふるまったとしても長期的には得をしない可能性が高いのです。つまり，後者の例よりも前者の例において，相手を助けたいという気持ちが強く起こるということです。ここで注意してほしいのは，私たちは意識的にこのような判断をしているわけではないということです。私たちは，他者を助ければ自分の評判が上がり，より多くの利益を得られるだろうと考えて他者を助けているのではなく，内集団相手には利他的にふるまいたいという心理傾向をもつ人は，そうでない人に比べて長期的に得をしてきたために，私たちはそのような心理傾向をもつようになったのです。

5 利他性の神経基盤

他者に対して利他的にふるまう際に，私たちの脳のなかではどのようなことが起きているのでしょうか。それに迫った実験を1つ紹介しましょう。

出馬圭世らは，慈善団体へ募金をするかどうかを判断する際に，自身の決定が他者から見られている状況とそうでない状況における募金額を比較しました。また機能的磁気共鳴画像法（fMRI）装置により，募金の際の脳活動を測定しました（Izuma, Saito & Sadato, 2009）。fMRIとは，脳血流量を計測することで，脳のどこが活動しているかを測定する装置です。脳の断層画像上に明るい色のついた画像を見たことがある人は多いのではないでしょうか。

実験の結果，他者が見ていない状況よりも他者が見ている状況のほうが，慈善団体への募金額が大きく，また腹側線条体（Ventral Striatum）（図6-4）とよばれる主観的な報酬（うれしさ）にかかわる脳部位の活動がみられました。腹側線条体は，お金を受けとったときにも活動するような場所です。この実験結果は，私たち人間には，他者が見ているかぎりにおいては，他者を助けたいという気持ちが強く生じ，またそのように動機づけられる生物学的な基盤があることを示しています。

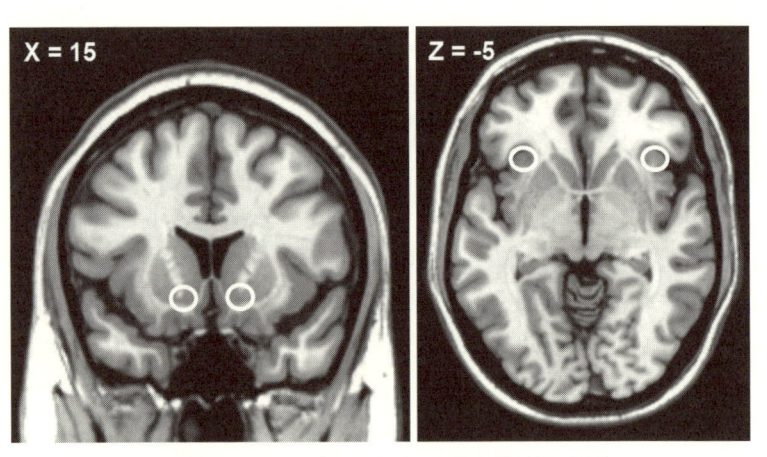

図6-4 腹側線条体（左）と島皮質前部（右）

2節 公正感

1 衡平理論

あなたが友だちと一緒に会場整理のアルバイトをしている状況を想像してみてください。ある日，あなたと友だちは6時間働きました。その結果，アルバイト代としてあなたは6,000円，友だちは7,000円をアルバイト先の会社から受けとりました。また別の日に同様の会場整理のアルバイトを行いました。その日は，あなたは6時間働いたのですが，友だちは4時間しか働きませんでした。その日のアルバイト代は，あなたも友だちも6,000円でした。

この2つの状況に直面した場合，あなたは何を感じるでしょうか。多くの人は，前者の場合においては，同じ時間だけ働いたのにもらえる額が違うなんて不公平だと感じ，後者の場合では，自分のほうが長く働いたのに同じ額しかもらえないなんて不公平だと感じるのではないでしょうか。人によってはアルバイト代の増額を会社へ訴えたり，仕事を手抜きするようになったりするかもしれません。

この例のように，ある状況に対して不公平だと感じるこころの働きのことを公正感とよびます。私たちの公正感を説明する代表的な理論に衡平理論（Equity Theory）（Adams, 1965）があります。衡平理論は，アダムズによって組織内における人々の行動を説明するために提唱されました。衡平理論によれば，人々は自身の作業量（$Imput_{自分}$）とその結果得られる報酬（$Outcome_{自分}$）の比（$Outocome_{自分}/Imput_{自分}$）が他者のそれ（$Outcome_{他者}/Imput_{他者}$）と同様なときに満足し，それが同様でない場合，作業量を減らす，もしくは利益の増加を要求することで比を同じにするように動機づけられると説明しました（Adams, 1965）。衡平理論は，組織内の行動だけではなく，さまざまな状況における私たちの心理や行動をとてもうまく説明することができます。

2 最後通告ゲーム

公正感に関する代表的な実験の1つに，最後通告ゲーム（Ultimatum Game）（Güth *et al.*, 1982）があります。

図 6-5 最後通告ゲーム

　最後通告ゲームは，独裁者ゲームと同様に 2 名 1 組で行います（図 6-5）。まず分配者が，いくらかのお金を自身と相手（受け手）とのあいだでどのように分けるかを決めます。分配者が決めた後に，受け手は分配者が決めた分け方を受け入れるか拒否するかを決めます。受け手が受け入れると，両者は分配者が決めたとおりのお金を受けとることができますが，受け手が拒否すると両者は何も受けとることができません。最後通告ゲームを大学生に行ってもらうと，次のような結果になります。分配者はその多くが半々に分け，受け手は不公平な分け方（e.g., 分配者に 800 円，受け手に 200 円）の多くを拒否するという結

果です。

　ここで受け手の結果について注目してください。受け手は，分配者が自分に1円でも分けてくれれば拒否しないほうが合理的です。拒否をすると何ももらえなくなってしまうので，受け入れたほうがいいに決まっています。しかし，実験の結果はそうなりませんでした。それは私たちが公正感をもち，分配者の不公平な分け方に対して「不公平だ」と感じたために拒否したのです。最後通告ゲームは，日本以外にもアメリカや欧米といった国を始め，アフリカや南アメリカの伝統的な社会で暮らす人たちでも行われています（Roth et al., 1991；Henrich et al., 2005）。その結果，文化の違いはみられたものの，上で示したような合理的な選択を行う人は誰もいないことが明らかになりました。

3　不公平回避と互恵性

　最後通告ゲームでの受け手の行動を説明する理論が，これまでいくつか提唱されています（Fehr & Schmidt, 1999；Rabin, 1993；Falk & Fischbacher, 2006）。経済学者のフェアーは，人々は受けとる報酬が同等な場合において満足し，そうでない場合は報酬が同等になるように動機づけられる傾向をもつと主張しました。このような傾向のことを不公平回避（Inequity Aversion）とよびます（Fehr & Schmidt, 1999）。この理論は，経済学の分野で提唱されたものであり，先ほど紹介した衡平理論とほぼ同じ内容と考えて問題はありません。人々が不公平回避をもつのであれば，最後通告ゲームでの受け手の行動は，同等な結果（報酬）を達成するためであると解釈することができます。つまり，同等ではない報酬を受け入れるよりも拒否をすることで，すべてをゼロにしたほうが人々は満足するというわけです。

　一方，私たちは同等な結果を達成しようと動機づけられたために拒否しているわけではなく，分配者の悪い意図に対して罰を与えたいと動機づけられたために不公平な提案を拒否をすると説明する理論もあります。

　この理論は互恵性（Reciprocity）とよばれ，人々は親切な意図を含んだ行為に対しては利他的にふるまい，悪い意図を含んだ行為に対しては罰を与えるといった傾向をもつと考えます（Rabin, 1993, Falk & Fischbacher, 2006）。経済学者のフォークらは，人々は，最後通告ゲームで同等な結果を達成したい

と動機づけられたために拒否をするのか，それとも悪い意図に罰を与えたいと動機づけられたために拒否をするのかを，次に説明する実験によって調べました（Falk, Fehr & Fischbacher, 2003）。

　フォークらの実験では，前に説明した最後通告ゲームに少しだけルールを変更したゲームを用いました。このゲームでは分配者はお金を自由に分けるのではなく，2つの選択肢から1つを選ぶという方式で行われました。分配者はAという選択肢（分配者に800円，受け手に200円）とBという選択肢（分配者に500円，受け手に500円）のいずれかを選びます。受け手は分配者の決定をみた後に，分配者の決定を受け入れるか拒否するかを決めます。この状況で分配者がAを選べば，半々という選択肢があるにもかかわらず，不公平な選択肢を選んだと受け手は考えるでしょう。つまり，分配者は意図的に不公平な分配を選んだと受け手が考えることができる状況です（意図あり条件）。フォークらの実験では，この他にもう1つの状況がありました。それは，分配者にA（分配者に800円，受け手に200円）とB（分配者に800円，受け手に200円）という選択肢のいずれかを選択させる状況です。この状況では2つの選択肢の内容が同じであるために，分配者はどちらを選んでも不公平な分配になってしまいます。この状況では受け手は，分配者は意図的に不公平な分配を選んだとは考えることができません。つまりこちらの状況は，分配者はやむをえず不公平な分配を選んだと受け手が考えることができる状況です（意図なし条件）。

　実験ではこの2つの状況で，分配者が不公平な分配を選んだ際の受け手の拒否率を比較しました。その結果，分配者が意図的に不公平な分配を選んだ場合は44％の受け手が拒否をしたのに対して，分配者がやむをえず不公平な分配を選んだ場合は，18％の受け手が拒否をしたことが明らかになりました（図6-6）。この結果は，私たちが公正・不公正を判断する際には相手の意図の有無が重要な働きをもつことを示しています。しかし，相手に悪意がない場合でも，受け手の拒否率が0％にならなかった結果は注目に値すると

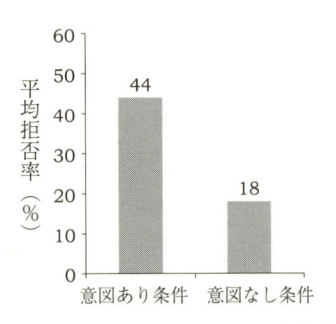

図6-6　受け手の平均拒否率(%)

いえます。つまり、私たちの公正判断は相手の意図の有無のみならず、結果の不公平さについての両方が絡み合って行われるということになります。

4 公正感と感情

私たちがある状況を不公平だと感じ行動する際には、感情がともなっていることがわかっています。

心理学者のサンフェイらは、最後通告ゲームを行っている際の脳活動をfMRIによって測定するという実験を行いました（Sanfey *et al.*, 2003）。実験の結果、不公平な分け方に直面した際に島皮質前部（Anterior Insula）（図6-4）とよばれる脳部位の活動がみられました。また島皮質前部の活動が強い人ほど、不公平な分け方を拒否する傾向があることが明らかになりました。島皮質前部は、痛みや嫌悪といったネガティブな感情に関与していることがこれまでの認知神経科学の研究によって明らかになっていることから（Singer *et al.*, 2009）、サンフェイらの結果は、参加者は不公平な分け方に嫌悪を感じたために拒否をしたと解釈されました。

不公平提案の拒否と嫌悪感情に関する研究は、サンフェイらの研究以外にも数多く報告されています（Tabibnia *et al.*, 2009；Chapman *et al.*, 2009）。

5 公正感の適応的意義

これまで私たちは誰しも公正感をもち、不公平な分配といった状況において相手が意図的にその状況をもたらした場合には、その者を罰したいと強く動機づけられることを実験によって示してきました。また罰を行使する際には嫌悪感情がともなうことも明らかになっています。それでは、なぜ私たちは公正感をもつのでしょうか。

経済学者のフランクは、公正感を含めた感情全般は、コミットメント問題を解くために人間が獲得した心理傾向であると主張しています（Frank, 1988）。コミットメント問題とは、人がある特定の行動をとるように自らを縛りつけなければ解決できない問題のことです。代表的なコミットメント問題はダイエットです。ダイエットとは理想の体型をめざして食事を制限したり運動をしたりする行為のことですが、ダイエットをしようと思ってもなかなか達成できま

せん。おいしそうなケーキを目の前にすれば誰しも,「少しくらいはいいかな」と思ってしまいます。そのような出来事が続くと結局,ダイエットは失敗します。ダイエットを成功させるには,ある行動を自分にとらせるように縛りつけなければなりません。たとえば制限カロリー以上の食べ物を食べてしまった場合は,強制的にお金を支払わなければならないというルールを課すなどです。

　それでは,公正感はどのようなコミットメント問題を解決しているのでしょうか。最後通告ゲームの状況を考えてみてください。あなたは受け手になり,さまざまな分配者と繰り返しゲームを行っています。仮にあなたが公正感をもっていないのであれば,分配者が不公平な提案をしたとしてもすべて受け入れてしまいます。そのことが他の分配者にも広まってしまえば,あなたはさまざまな分配者からつねに不公平な分配をされ続けることになるでしょう。進化の観点でいえば,つねに不公平な目に扱われるわけですから,他の人よりも相対的に利益を得ることができないために生き残ることができないかもしれません。公正感はそこで重要な役割を果たすのです。不公平な提案を拒否することで本来なら得られた利益が手に入らなくなりますが,不公平な提案を拒否することで他者に対して「あいつは不公平な分配を受け入れないやつだ」と思わせることができます。その結果,まわりからは不公平な提案をされることはなくなり,長期的には公正感をもっていない人よりも大きな利益を獲得することができるのです。公正感という感情は,このように私たちの生活において重要な役割を果たしているのです。

　この章では,利他性と公正感という2つのこころの働きについて,心理学や経済学で提唱されている基礎的な理論と,私たちはなぜそのようなこころの働きをもつのかという進化の観点からの説明を行いました。利他性・公正感は現在,さまざまな分野で研究が行われています。利他性・公正感の発達的変化を調べる発達心理学,行動の神経基盤を明らかにする社会神経経済学(Social Neuroeconomics),そしてストレスホルモンや性ホルモンの影響を明らかにする神経内分泌学(Neuroendocrinology),さらには,精神疾患や発達障害との関連を調べる精神医学にまで研究は広がっています。今後,私たちの社会を支える利他性や公正感というこころの働きを,さまざまなアプローチで調べるこ

とは，私たち人間を深く理解するために必要不可欠であると考えられます。

参考文献
長谷川寿一・長谷川眞理子　2000　進化と人間行動　東京大学出版会
Adams, J.S. 1965. *Inequity in social exchange.* Adv. Exp. Soc. Psychol, **62**, 335-343.
Chapman, H.A., Kim, D.A., Susskind, J.M., Anderson, A.K. 2009. *In bad taste: evidence for the oral origins of moral disgust.* Science, **323**, 1222-6.
Dunbar, R. 1998. *Grooming, Gossip, and the Evolution of Language.* Harvard University Press.
Falk, A., Fehr, E. & Fischbacher, U. 2003. *On the Nature of Fair Behavior.* Economic Inquiry, **41**(1), 20-26.
Falk, A. & Fischbacher, U. 2006. "A theory of reciprocity". Games and Economic Behavior, **54**(2), 293-315.
Fehr, E., Schmidt, K.M. 1999. "A theory of fairness, competition, and cooperation". The Quarterly Journal of Economics, **114**, 817–868.
Frank, R. 1988. *Passions Within Reasons.* W.W. Norton & Company.
Güth, W., Schmittberger, R., Schwarze, B. 1982. "An experimental analysis of ultimatum bargaining". Journal of Economic Behavior and Organization, **3**, 367-388.
Haley, K.J. & Fessler, D.M.T. 2005. *Nobody's watching? Subtle cues affect generosity in an anonymous economic game.* Evolution and Human Behavior, **26**, 245-256.
Hamilton, W.D. 1964. *The genetical evolution of social behaviour I and II.* Journal of Theoretical Biology, **7**, 1-16.
Henrich, J., Boyd, R., Bowles, S., Gintis, H., Fehr, E., Camerer, C., McElreath, R., Gurven, M., Hill, K., Barr, A., Ensminger, J., Tracer, D., Marlow, F., Patton, J., Alvard, M., Gil-White F. & Henrich, N. 2005. *'Economic Man' in Cross-Cultural Perspective: Ethnography and Experiments from 15 small-scale societies.* Behavioral and Brain Sciences, **28**, 795-855.
Izuma, K., Saito, D. & Sadato, N. 2010. *Processing of the Incentive for Social Approval in the Ventral Striatum during Charitable Donation.* Journal of Cognitive Neuroscience, **22**(4), 621-631.
Mifune, N., Hashimoto, H. & Yamagishi, T. 2010. *Altruism toward in-group members as a reputation mechanism.* Evolution and Human Behavior, **31**, 109-117.
Nowak, M. & Sigmund, K. 1999. *Evolution of indirect reciprocity by image scoring.* Science, **393**, 573-577.
Rabin, M. 1993. "Incorporating Fairness Into Game Theory and Economics." The American Economic Review, **83**, 1281-1302.
Roth, A., Prasnikar, V., Okuno-Fujiwara, M., & Zamir, S. 1991. "Bargaining and Market Behavior in Jerusalem, Ljubljana, Pittsburgh and Tokyo: An Experimental Study". American Economic Review, 1068-1095.

Sanfey, A.G., Rilling, J.K., Aronson, J.A., Nystrom, L.E. & Cohen, J.D. 2003. *The Neural Basis of Economic Decision-Making in the Ultimatum Game.* Science, **300**, 1755-1758.

Singer, T., Critchley, H.D. & Preuschoff, K. 2009. *A common role of insula in feelings, empathy and uncertainty.* Trends in Cognitive Sciences, **13**, 334-340.

Tabibnia, G., Satpute, A.B., Lieberman, M.D. 2008. *The Sunny Side of Fairness: Preference for Fairness Activates Reward Circuitry (and Disregarding Unfairness Activates Self-Control Circuitry).* Psychological Science, **19**(4), 339-347.

Tajfel, H. 1970. *Experiments in intergroup discrimination.* Scientific American, **223**, 96-102.

Trivers, R.L. 1971. *The evolution of reciprocal altruism.* Quarterly Review of Biology, **46**, 35-57.

Yamagishi, T. & Mifune, N. 2008. *Does shared group membership promote altruism? Fear, greed and reputation.* Rationality & Society, **20**, 5-30.

Yamagishi, T., Mifune, N., Liu, J. & Pauling, J. 2008. *Exchanges of group-based favors: Ingroup bias in the prisoner's dilemma game with minimal groups in Japan and New Zealand.* Asian Journal of Social Psychology, **11**: 196-207.

Yamagishi, T. & Mifune, N. 2009. *Social exchange and solidarity: in-group love or out-group hate?* Evolution and Human Behavior, **30**, 229-237.

Wedekind, C. & Milinski, M. 2000. *Cooperation Through Image Scoring in Humans.* Science, **288**, 850-852.

Note

協力行動の進化

　本章では，利他行動・協力行動の進化に関して間接互恵性という理論を紹介しました。その他に近年，注目を集めている理論として強い互恵性（strong reciprocity）（Gintis, 2000）があります。

　社会にはさまざまな社会規範があります。たとえば資源を分配する際には平等に分配しないといけないという平等分配規範や，皆で共同作業をする際には協力しなくてはいけないといった協力規範があげられます（Fehr & Fischbacher, 2004）。

　強い互恵性とは，このような"社会規範を守る者に対しては利他的にふるまい，社会規範を破る者に対しては自らがコストを支払ってでも罰を与える傾向"と定義されます（Gintis, 2000）。強い互恵性をもつ人々は，互いに協力し合い，非協力者へ罰を与えることで，集団内の協力度を高めていきます。集団内が協力的になればなるほど，たとえば集団単位で生じる致命的な問題（e.g., 戦争や疫病）に対してよりうまく対処できるでしょう。

　集団成員がすべて協力的な集団Aと，非協力的な集団Bがあると想像してみてください。その2つの集団内に疫病が発生したとします。その際に，集団Aでは皆が協力的であるために，集団Bよりも疫病に対して相対的にうまく対処することができるかもしれません。また集団間で戦争が生じた場合にも同様です。非協力者だらけの集団Bよりも集団Aのほうが，皆が協力し合うため戦争に勝つ確率は相対的に高くなることでしょう。

　この議論のポイントは，人間社会に集団単位で生じる致命的な問題が多く生じるならば，強い互恵性という行動傾向をもつ人々がいることで協力行動は進化するという点にあります。強い互恵性は他者に対して利他的であり，コストを支払ってでも社会規範を破る者へ罰を与えるため，そのような傾向をもたない人よりも個人レベルでは相対的に利益を得ることができないかもしれません

が，協力的な集団を作ることで集団単位での大きな利益を得ることができます。個人レベルで生じるコストよりも集団レベルで得る利益のほうが上回れば，強い互恵性は維持され，その結果，協力行動は進化するのです。

人々は強い互恵性という行動傾向を本当にもっているのでしょうか。

それを実験で示したのが経済学者のフェアーです（Fehr & Fischbacher, 2004）。フェアーは独裁者ゲームの後に，第三者が分配者に罰を与えることができる第三者罰ゲーム（third-party punishment game）を実施しました。分配者はいくらかのお金を実験者から受けとり，それを自身と受け手とのあいだで分けます。分配者が分けた後に，第三者が分配者に罰を与える機会が与えられます。具体的には，第三者の手持ちのお金の一部を実験者に支払うことで，第三者は分配者のお金を減らすことができます。第三者が実験者に支払った額の3倍の額が分配者の手持ちのお金から差し引かれます。たとえば第三者が100円を実験者に支払った場合は，分配者は300円を失ってしまいます。

ここで考えてみてください。第三者にとっては，分配者が受け手に対して不公平な分配をしたところで何も被害を受けません。合理的に考えれば，第三者はどのような状況であったとしても，実験者に対してお金を支払うことはしないでしょう。

しかし，実験の結果は予想とは大きく異なるものでした。フェアーの実験の結果，第三者の7割が分配者のお金を減らすために，自らのお金を実験者に支払ったのです。またお金を支払った程度は，分配者が決めた分け方が不公平になればなるほど強くなりました（図6-7）。このゲームでは，参加者同士は別々の個室内で決定を行っていて，匿名性は完全に守られていました。また，

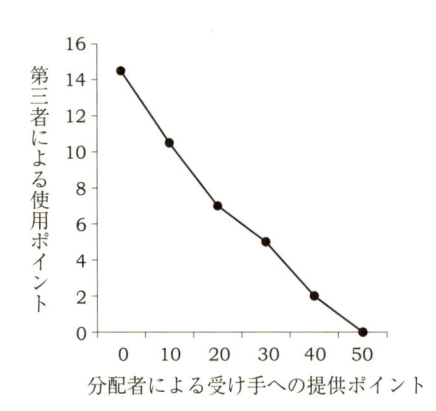

分配者は100ポイントを自身と受け手とのあいだで分ける。第三者は50ポイントのうちの一部を実験者へ支払うことができる。

図6-7　第三者による平均支払額
（Fehr & Fischbacher, 2004をもとに作成）

ゲームは一度のみで終了となるために，ゲームでの行動がその他のゲームに影響を与えるといったことはありませんでした。悪い人に罰を与えることでよい評判が得られ，その結果，他の参加者から利他的にふるまってもらえる可能性もありません。フェアーらはこの結果から，人々は強い互恵性という行動傾向をもっていると結論づけました。

この実験結果のように，悪い人にコストを支払ってでも罰を与える傾向が，現在，私たちが暮らす協力的な社会を形成した大きな原動力となったのかもしれません。

Fehr, E. & Fischbacher, U. 2004. *Third-party punishment and social norms*. Evolution and Human Behavior, **25**, 63-87.
Gintis, H. 2000. *Strong Reciprocity and Human Sociality*. Journal of Theoretical Biology, **206**, 169-179.

7章
人間関係の障害と臨床

　統合失調症をはじめとする重度の精神疾患の治療では，妄想や幻覚といった精神症状を改善することがしばしば優先事項になります。精神症状は主に薬物療法で軽減することができるようになり，統合失調症をもつ人が社会復帰できることが期待されるようになったのですが，自立生活を送るために必要な社会機能の改善は薬物療法だけではなかなか達成することはできません。

　そこで，社会機能を改善する薬物療法以外の介入法のニーズが高まりました。統合失調症では，対人コミュニケーションの障害は地域での自立生活などの生活機能と関連しています（Harvey & Penn, 2009）。対人コミュニケーションの障害は，他者の感情や意図のとらえ方の問題に深く関連しており，社会認知機能障害として概念化されています。統合失調症の社会認知機能障害は，気分障害など他の精神疾患に比較して重度であり，症状が安定している期間は一定の改善をみせるものの，経過を通じて存在します（Penn et al., 2008）。社会認知機能障害の薬物療法による改善は限定的であることから（Penn et al., 2009），海外では，心理社会的な手法が定着しつつあります。

1節　統合失調症の対人コミュニケーションの特徴

　統合失調症の対人コミュニケーションの問題は，社会認知機能障害としてとらえられ，さらに下位概念として感情知覚や社会状況推論，社会的知識，原因帰属様式，心の理論が提唱されています。

1　感情知覚

　統合失調症では他者の表情や感情を正確に認識することが困難であり，怒

り・悲しみ・嫌悪・恐れ・喜び・驚きの6つの基本的感情のうち，肯定的な感情知覚には問題を示しませんが，否定的な感情知覚を誤認する傾向があります。とくに怒り・恐怖と悲哀表情について顕著であり，あいまいな表情を怒りと誤ってとらえる傾向があることが報告されています（Hofer et al., 2009）。統合失調症の感情知覚の問題は，感情の識別や同定，表出にも影響を与えます。感情知覚の困難の基底には，顔のパーツなど，表情を具体的に示す適切な手がかりを注意する機能や視空間認識の障害の存在が指摘されています（Kohler et al., 2009）。統合失調症では目もとや口もとなど表情を表すパーツに目を向け，注意を維持することが困難です。また否定的な感情による覚醒を回避するために，感情知覚が鈍麻しているとする説もあります。

統合失調症では，健常者やうつ病患者と比較して，表情・感情知覚，とくに感情の同定と識別に困難を示す傾向があります。統合失調症の感情知覚の障害は，経過を通じて持続しているものの，急性期には安定期に比して顕著に現れます。統合失調症の妄想は，怒りや恐怖など，脅威を感じさせる表情認知の障害と関連することが報告されています（Green & Philips, 2004）。しかし，一部の研究では，統合失調症の感情認知について，健常者と有意な差が認められないという報告もあり，表情・感情認知の適切な評価法の開発の必要性が指摘されています（Bellack et al., 1996）。

感情知覚の能力は，表情刺激を見せて，基本の6感情のうちのいずれに該当するかを識別させて測定します。表情刺激には静止画を用いる場合（例 Ekman & Friesen, 1978；FEIT, Kerr & Neale, 1993）と動画を用いる場合（BLERT, Bell et al., 1997）があります。一般的には動画による感情知覚能力の測定は，表情が変化するため静止画による測定よりも難易度が高いとされます。また実際の社会場面における感情知覚には，知覚識別や認識，感情ラベルとのマッチング，同定，ラベリングなど多様な機能が要求されるため，異なる測定法によりどの機能に重点があるのかを把握することは重要です。また実際の社会場面と異なり，相手の反応がない状態で測定する感情知覚の能力が，現実の対人的相互作用で発揮される能力を正確に反映しているのかに関しては，疑問が残ります。

2 社会状況推論と社会的知識

　社会状況推論とは，社会的な状況における感情を表す手がかりから，社会的手がかりを把握する能力のことです。社会状況推論は，次に述べる社会的知識と重複している点もあり，2つの能力が相互作用しつつ，多様な社会的場面での適切なふるまいを判断することを可能にするといえます。

　社会的知識とは，社会的相互作用の指針となる社会的なルール，目標や役割の理解です。たとえば大声ではしゃぐ行為は，スポーツ観戦の場面では適切ですが，葬儀では不適切です。社会的知識は異なる社会的場面での経験を積むにつれて豊富になると考えられますが，社会的場面に参加する基盤となる対人関係や経済文化的リソースが不足している場合は発達が困難です。

　社会状況推論は，人の表情や声色から感情を理解する感情知覚を包含し，人の感情だけでなく，会話・相互作用・背景などから状況を理解する能力です。社会状況には，たいてい複数の人物がかかわるため，それら人物同士の関係や互いにもっている感情，行為の意味を読みとることが求められ，感情知覚よりもさらに複雑な情報操作を要します。例として，男性と女性が一緒にいる場面を見た場合，そのペアの関係や行為を理解する場合，男女なのでカップル（つまり異性として互いに好意をもっているにちがいない）ととらえるのか，あるいは同僚，兄妹・姉弟，友人という可能性をとらえるのか，ということが考えられます。社会状況推論は複数の情報を吟味したうえで結論を出すことが求められ，後述する結論への飛躍と関連しています。社会状況推論では操作する情報が複雑であり，対人関係や社会的文脈などの意味についての情報処理が求められ，これらの作業は統合失調症ではとくに苦手とされるといわれます（Leonhard & Corrigan, 2001）。

3 原因帰属様式

　社会場面の肯定的または否定的な出来事の原因を何かに求めようとする心理メカニズムを原因帰属様式とよびます。たとえば，約束の場所に相手が遅れた場合，遅刻の原因が渋滞など制御不可能な外的な理由によるのか，あるいは相手が自分と会いたくないためなのか，などと推察します。原因帰属様式のゆがみを原因帰属バイアスとよび，被害妄想をともなう統合失調症や精神病性の疾

患に多くみられます。

　原因帰属様式の下位分類には，外的状況的帰属・外的人的帰属・内的人的帰属があります。外的状況的帰属は状況や環境的な要因，外的人的帰属は他者，内的人的帰属は自分にそれぞれ原因を求める帰属様式です（表7-1）。

　社会的な状況に応じてこの3種の原因帰属を柔軟に用いることが適応的だと考えられますが，統合失調症では，肯定的な出来事に対しては内的人的帰属，否定的な出来事に対しては外的人的帰属を過度に用いる傾向があります。このような原因帰属パターンでは他者を，悪意をもつ対象とみなすことから，被害妄想の維持に関連していると考えられています。肯定的な出来事は自分のおかげであり，否定的な出来事は他者のせいであるという観点を保つことで，他者は自分に悪意をもっているという内的経験と引きかえに自責感を回避し，自尊心を保っているといえます（Penn *et al*., 2008）。

　原因帰属の困難さは，不十分な事実にもとづく性急な思考パターンである結論への飛躍や，心の理論の困難とあわせて，妄想の形成と維持に関連しています（Langdon *et al*., 2010）。被害妄想をもつ人は，外的人的帰属を用いる傾向があります。たとえば，自分にとって不利益や困難をもたらす状況は，他者の意図的な行為のせいであり，他者が自分に対して悪意をもっているという結論に帰結します。被害妄想が認められる場合，否定的な状況や出来事についての原因帰属様式は固定化しており，生活の広範囲にわたって，その影響がみられます（Bentall *et al*., 2001）。とくに，脅威がもたらされる状況や，否定的な自己表象に関連した状況に直面すると，原因帰属バイアスがより顕著になる傾向があります。被害妄想をもつ患者は，肯定的な状況に対しては内的人的帰属に偏る一方で，否定的な状況には逸脱した外的人的帰属に依拠します。しかし，

表7-1　原因帰属様式の下位分類

	出来事の原因の所在	例　「ドライブをしていて道に迷ったのは……」
外的状況的帰属	場の状況や環境	道路標識がわかりづらい場所にあったから
外的人的帰属	他者	友人が間違った行程を自分に教えたから
内的人的帰属	自分	自分が事前に地図をよく調べなかったから

妄想の形成と維持には原因帰属バイアスはそれほど関与しておらず，むしろ心の理論が重要な役割をもつとみなす立場もあります（Freeman, 2007)。

原因帰属バイアスの測定法には，自己記入式尺度によるもの（例 ASQ, Peterson et al., 1982；AIHQ, Combs et al., 2007）が代表的です。各々短いシナリオを提示し，それに対する反応から原因帰属バイアスの傾向を測定します。また別の手法（LACS, Stratton et al., 1988）では，患者に自身の生活について話させ，話の内容から内的人的帰属・外的人的帰属・外的普遍的（状況的）帰属・内的普遍的（状況的）帰属について評価する尺度です。会話から原因帰属バイアスを測定する方法は，他の尺度に比較して生態学的妥当性（ecological validity）が高いという意見もあります（Aakre et al., 2009）が，評定者間信頼性を確立することが研究適用の際に課題になると思われます。

4　心の理論

他者の意図やこころの状態を推測する能力を心の理論といいます。心の理論には，コミュニケーションに含まれる比喩や間接的な依頼，皮肉などを理解する能力も含まれていますが，統合失調症では言語的な手がかりや視覚的な情報を用いて，他者の意図を的確に推測することが困難です。

他者の意図を推測する能力は，他者Aがどのような信念をもっているかを推測する1次表象，他者Bがもう1人の他者Aの信念についてどのような信念をもっているかを推測する2次表象，そしてさらに信念の階層が追加されれば3次表象といわれます。統合失調症ではすべての表象で困難を示しますが，2次以上の表象でとくに顕著な問題を示すことが報告されています（Bora et al., 2006）。

統合失調症の心の理論に関する論説では，心理化（メンタライゼーションともよばれる他者のこころの状態を想定する能力）の問題が重要視されています。統合失調症では，現実の社会相互作用においては他者のこころの状態を的確に理解できても，言語的な教示のみを用いた実験場面では誤った反応が増えることが指摘されています（Frith, 2004）。また，統合失調症患者は，健常者と比較して，抽象的な事象の理解に困難を示し，具体的・表面的な特徴にとらわれがちです。たとえば，対人場面を提示した場合，人物の表情や感情よりも着衣な

どに注目する傾向があります。

統合失調症における心の理論の障害は，精神症状が活発にみられる急性期にもっとも顕著ですが，それらがほぼ改善された寛解期にも残遺します（Janssen et al., 2003）。心の理論の枠組みでは，統合失調症の陰性症状は，意図を理解する能力の障害としてとらえられています。つまり，統合失調症では，他者の意図を理解する能力に問題があるために適切な行動選択が行えず，感情の平板化や社会的引きこもりが起きると考えられるのです。また，妄想型統合失調症においては，心の理論の障害により，他者の意図理解が困難になり，妄想的な信念が喚起されます。心の理論の枠組みでは，被害妄想は他者の意図を誤って解釈するために生じると考えられています（Frith, 2004）。

心の理論の概念は多面的であり，その測定法は多様です。代表的な測定法として，誤信念（表象）課題やヒント課題，Eyes Test があげられます。

誤信念（表象）課題には，誤った情報にもとづく他者Aの行動を理解することが求められる1次誤信念と，第2の人物Aが誤った情報をもつ場合，他者Bがどう第2の人物Aの信念を理解しているかを回答することが求められる2次誤信念課題があります。誤信念（表象）課題は，言語的な反応を求める形式（Frith, 1996）と絵画配列課題（Brüne & Bodenstein, 2005）が代表的です。

ヒント課題では，シナリオを提示し，登場人物の皮肉や間接的な依頼を理解し，その意図をくみとって適切な回答をすることを求められます。段階的に意図を明確にするヒントが与えられ，少ないヒントで回答するほうが高い心の理論をもつと解釈されます。

Eyes Test では，目の部分だけが写った写真からこころの状態を推論することを求められます（Baron-Cohen et al., 2001）。この課題は他の心の理論課題と異なり，こころの状態を自動的に解読する能力を測定するといわれています（Bora et al., 2009）。

研究では，多面的な心の理論をとらえるために，複数の心の理論尺度を用いる傾向があります。

5　結論への飛躍

あいまいな状況を十分に吟味することなく，表面的で（しばしば誤った）状

況の把握にもとづいて尚早に誤った解釈を導き出すことは,結論への飛躍と称されます。この結論の飛躍に関して,統合失調症の社会機能におよぼす影響について検討されてきました (Garety et al., 2005)。表情や社会的場面はたいていあいまいであるので,統合失調症の患者にとってストレスの大きい状況であり,結論への飛躍が生じやすいといえます。結論への飛躍は,急性期 (Menon et al., 2006) にもっとも顕著にみられますが,寛解期 (Peters & Garety, 2006) や発症高リスク群 (Broome et al., 2004) にも認められる現象です。

結論への飛躍の主要な原因は,論理的思考能力の障害ではなく,新規場面における情報収集の仕方のバイアスであると考えられています。とくに情動が喚起される,認知療法で「ホット」と称される場面でより顕著になります (Garety et al., 2005)。表情や社会的場面の意味づけに関する選択肢は通常多様で幅広いにもかかわらず,社会的場面では結論への飛躍がより顕著にみられます (Freeman et al., 2006)。

結論への飛躍は,妄想の形成と維持に関連しています (Freeman et al., 2006)。妄想をもつ患者にとっては,1つの状況に関してさまざまな解釈が考えうる場合,事実関係の評価が困難になります。妄想をもつ患者は,少ない根拠に対して,過剰な自信をもって1つの仮説を立てます。たとえば,妄想をもつ統合失調症の患者は,仮想の事物に関する質問を最大20問までたずねさせてヒントとなる情報を得た後で,その事物が何かを答えさせるというゲームにおいて,健常者や妄想のないうつ病患者と比較して,最初の答えを導き出すまでにたずねる質問数が少ないことが示されています (John & Dodgson, 1994)。

妄想は,自分にとって不利益や困難をもたらす状況に,逸脱した説明を与えるという特徴をもちます。妄想をもつ患者は,現在置かれた社会状況に関連する複数の情報を与えられた場合,最後の情報,あるいはもっとも身近な情報だけに反応する傾向があります。これは,仮説の検証を行うことなく,自説と一致するような証拠だけに注意が向けられるためです。

統合失調症の患者は,あいまいさへの耐性が低く,あいまいな社会的状況で中立的な刺激を否定的にとらえる傾向があります。この傾向は自己防衛的帰属

とよばれ，妄想型統合失調症に顕著です（Bentall et al., 2001）。統合失調症の患者にとって，あいまいさは統制感の喪失と自尊心の低下を招くため，他者の意図を否定的に解釈することで，被害的な世界観と同様に統制感と自尊心を回復します。被害妄想における被害的な解釈をあいまいな社会的状況や出来事に与えることで，一定の統制感を得て不安を軽減するメカニズムが成立していると推測されます。社会的場面のあいまいさが極端に強くなると，逆に結論への飛躍傾向は弱まって判断や決定に時間を要しますが，やはり明らかに誤った仮説を十分な吟味なしに受け入れる傾向があることが示されています（Moritz et al., 2007）。

2節 社会認知の介入法

　社会認知の介入法は，現在発展しつつある分野ですが，複数の手法が海外の研究者らにより紹介されています。これら手法の多くは，感情知覚や心の理論など，社会認知の特定の領域を対象にしています。

　感情知覚を対象とした介入法としては，Micro Expression Training Tool（METT）（Russell, Chu, Phillips, 2006）や Emotional Trainer（Silver et al., 2004），Training of Affect Recognition（TAR）（Wölwer et al., 2005），心の理論を対象とした介入法としては，Kayser et al.（2006）や Sarfati, Passerieux & Hardy-Bayle（2000）があげられます。また，統合失調症の中核的な症状として知られる認知機能障害の介入法である認知機能リハビリテーションの一部に，社会認知を対象とした手法として，Integrated Psychological Therapy（IPT）（Müller & Roder, 2010）があります。一方，限定された一領域ではなく，より包括的な社会認知を対象とした介入法として，Social Cognition and Interaction Training（SCIT）があげられます。

　SCIT（Penn, Roberts & Munt, 2005）は，University of North Carolina の Penn らにより開発された，全20-24セッションのマニュアル化された手法です。適用基準は，統合失調症などの精神病性障害で妄想があること，年齢18歳以上，IQ70以上であることです。除外基準は，急性期，物質またはアルコール依存の併存であることです。SCITで行う社会認知の訓練は，被害

妄想による対人関係やコミュニケーションスキルの問題を改善することを前提としています。5名から8名の患者に対し，2名の治療者により構成される小集団形式で実施されます。自己開示を行うことが必要であり，治療の終期にはとくに自分の生活場面からの例を他の参加者と共有することが求められるため，原則としてクローズド・グループ（開始後は参加メンバーの変更がないグループ）として実施することが適しているといえます。また秘密保持や，参加者全員の発言の尊重などについてグループのルールを最初のセッションで決めておくことが望ましいでしょう。

治療者には，集団療法の技法と経験，統合失調症などの精神疾患の症状に関する基本的な知識があることが必要です。また，認知行動療法を参考にしているため，認知行動療法を実施した経験もあるとよいでしょう。2名の治療者でセッションを実施しますが，うち1名は後述する視覚教材などの操作を，もう1名は参加者を個別に援助します。

セッションでは，静止画と動画，社会的場面に関するシナリオを用いて，感情認知や原因帰属，心の理論の訓練を行います。また思考・感情・行動の関連の説明や信念（妄想）の妥当性の検討を行い，参加者にセッション外での課題（宿題）を課します。介入の前半は高度に構造化されており，ふんだんに視覚教材や演習を用いて講義形式の訓練を行い，後半では参加者の実生活場面で体験した社会的場面を取り上げて，訓練内容を実践します。

1　概略

SCITでは，社会認知が形成されるプロセスを重視しており，個人が自己の社会認知プロセスを理解・認知・モニターし，日常生活で応用することを目標とします。SCITは，統合失調症を対象とした認知行動療法を参考にしていますが，認知スキーマなどの認知様式を直接取り上げる認知行動療法のアプローチと異なり，社会認知が形成されるプロセスに介入します。そのため，SCITでは，非合理な信念の基底にある論理を扱うのではなく，妄想の形成や維持をもたらす偏った解釈プロセスを介入対象とします。

SCITには，社会認知障害を標的とする他の介入法と異なる特徴があります。他の介入法がどちらかといえば感情知覚など社会認知の限定された一面に焦点

をあてるのに対して,SCIT は社会認知全体を対象としています。また SCIT では,理論よりも応用面を重視しており,社会認知課題を具体的に患者の日常生活における問題に関連づけて応用練習を促します。統合失調症のような重度の精神疾患では,陽性症状や感情の鈍麻,思考や会話の貧困,意欲低下などの陰性症状により,積極的な参加や個別の演習が困難になる場合があることに配慮した介入が推奨されています。さらに,1 人で課題(宿題)を行うのが困難な参加者が多いことに配慮し,宿題を行う相手を治療開始時に決めておくことを勧めています。

2　治療内容

　全セッションは,3 つの治療段階から構成されています。第 1 段階は「感情トレーニング」,第 2 段階は「状況把握」,第 3 段階は「統合と確認」と名づけられています。最初は SCIT と社会認知を紹介し,集団のラポールを確立し,社会場面での感情の役割をとらえ,感情知覚スキルを訓練することをめざします。治療初期にはラポールを形成すること,治療動機づけを行うことが必要です。初期のセッションでは,架空の人物や,対人的な葛藤を含まない内容を例として用いますが,後半,とくに第 3 段階のセッションでは患者の実体験を例として用います。後半の実際の対人関係や社会状況における問題を話す段階までに,患者が治療者ばかりでなく,他のメンバーと十分なラポールを形成していることが重要です(表 7-2)。

　第 1 段階「感情トレーニング」では,とくに被害妄想が,否定的な出来事を他者のせいにするかたくなな傾向と関連することをふまえて,感情・思考・行動のあいだの相互作用を説明し,これら 3 要素が複数のパスでつながる可能性を示します。感情・思考・行動のあいだの相互作用の説明は,認知行動療法を受けたことがない参加者にはとくに重要なステップです。このステップは,参加者に SCIT という社会「認知」をターゲットにした治療法を受ける必要性を明確にします。また参加者に,自分の感情や行動は修正可能であるという制御感を与える目的があります。そこで感情知覚についてのメタ認知(自分の感情知覚についての知識や理解)を獲得するため,行動がいかに感情に左右されるかについて,実例を用いて示します。また,社会的状況における原因と結果の

表 7-2　SCIT の概略

段階	名称	内容
第 1 段階	感情トレーニング	ラポール形成 思考・感情・行動のつながりを説明 感情の定義 表情写真などで感情知覚の訓練 被害妄想を「疑心」としてノーマライズ
第 2 段階	状況把握	結論への飛躍を説明 3 つのキャラクターを使い原因帰属バイアスを説明 推測と事実の区別を訓練 20 の質問ゲームを通じて曖昧さに耐える訓練
第 3 段階	統合と確認	実生活から例を取り上げ，第 1 段階と第 2 段階の内容を応用して訓練

組み合わせに特定の感情が関連していることを解説します。

　そして，感情を定義し，参加者間で認識される感情の種類や定義を共有します。さらに，表情にもとづいた感情知覚を訓練します。感情知覚は社会認知のなかでもっとも基本的な側面であるため，第 1 段階で訓練し，第 2 段階以降のより複雑なスキルの訓練に備えます。現実的な社会場面にできるだけ近い状況で感情知覚の訓練をするため，写真など静止した刺激に加えて，対人関係を示すビデオなど動的な社会刺激を用います。具体的には，モーフィング表情刺激を用いて，まず中立的な表情刺激を提示し，その表情が表す感情を推測させます。そして感情が徐々に顕在化する連続的な一連の表情刺激を提示した後，再度感情を推測させ，最初の推測が適切だったかどうかを確認します。対人関係を示すビデオ刺激では，複数の人物が会話をしたりかかわっていたりする場面を示し，登場人物の思考や感情を推測します。

　第 1 段階の終盤では，参加者が被害妄想について話し合うことを容易にするために，ノーマライズして誰もが経験するかもしれない疑い深さや用心深さとしてとらえ直します。被害妄想を病的体験としてではなくノーマライズすることで，参加者にとって妄想が自分の感情や行動に与える影響についてとらえることへの抵抗を少なくすることができます。

　第 2 段階「状況把握」では，結論への飛躍，原因帰属バイアスについて解

説します。これら2点は思考のゆがみに関連しており、第1段階で紹介した感情・思考・行動のあいだの相互作用がよく把握されていることが望ましいでしょう。原因帰属バイアスが生じるメカニズムを細分化して訓練するため、あいまいさへの耐性、推測と事実の区別の仕方、正確な推測のための情報収集を練習します。結論への飛躍という概念を紹介する過程でも、被害妄想と同様スティグマを軽減するため、一般的によくある間違いとして紹介し、ノーマライズするように努めます。また、視覚教材を用いて、登場人物がある社会状況下で十分な吟味を行わず、拙速な解釈にもとづいた反応をして、誤った行動をとる場面を観察します。参加者にとって自分のことではなく、架空の人物の行動を観察することで脅威や不安を感じずに、原因帰属バイアスがどのように不適応的な行動に至るかを理解することが可能になります。

　心の理論能力を訓練し、結論への飛躍を回避するため、「代替案を考えつく」戦略を訓練します。この手法は認知行動療法で用いる「他の選択肢を考える」テクニックの応用であり、SCITでは3人の架空のキャラクターを使って、3種類の原因帰属様式を学習します。被害妄想をもつ患者は、その帰属バイアスを修正する目的で、3種類のキャラクター、外的人的帰属（「いつでも他人を責める」A君）・内的人的帰属（「いつでも自分の落ち度だと思う」Bさん）・外的状況的帰属（「のんびり」C君）を用いて、それぞれの視点から原因帰属を試みます。このようにキャラクターを用いることで、原因帰属様式をパターン化して理解しやすくしています。また、キャラクターを用いて客観的にあるいはユーモアを交えて原因帰属様式をとらえることで、脅威や不安を感じずに各々の長所や短所についての理解を促進する意図もあります。さらに、代替案を考えつく練習として、否定的な社会状況に対する1つの解釈に対し、代わりの説明を考えます。そして、考え出した代替案がどの程度正しいと思うかを0～10の尺度で評価させることで、メタ認知を養います。

　第2段階の終盤では、推測と事実を区別するため、結論にたどり着く前に、その時点で確認できる事実や手がかりを列挙する練習をゲーム形式で行います。第1段階で行ったように架空の社会的状況を提示し、登場人物の思考や感情、関係を推測させますが、質問を段階的にして答えを得るのに必要な情報を求め、できるだけ十分な情報を得たうえで答えを出す訓練を行います。ここでは20

の質問とよばれるゲームを模して，最大20に達する程度の多くの質問をして情報を収集するまで結論への飛躍を回避し，社会的状況推論を続けることをすすめます。ゲームを通じて，認知的に「ホット」な状況，つまり勝ち負けを競うような情動的に喚起された状況で，メタ認知やあいまいさへの耐性を訓練します。

第3段階「統合と確認」では，第1段階と第2段階で習得したスキル習得を確実にし，統合して，参加者の実際の日常生活での問題に応用します。最初はビデオ症例を用いて，社会的場面にまつわる不快な感情がどの程度，事実または推論にもとづくものかを話し合い，確認します。その後，実際の生活で起きた対人関係の問題や，それらにまつわる感情について話す機会を設けます。参加者が情緒的なかかわりをもつ「ホット」な状況で，日々の生活上のトラブルで社会認知がかかわる問題に介入します。

3 今後の展望

SCITの効果は統合失調症を対象として発表されており，感情知覚と社会機能の改善が示されています (Combs et al., 2007 ; Roberts et al., 2010)。しかし，効果尺度が一貫しておらず，研究によっては効果が示されない領域があること，7名から20名と対象者が少ないために，対象者を増やして効果を検討することが今後の課題だと思われます。

今後，SCITのような社会認知ならびに対人関係を標的とする手法を国内に導入する際には，いくつかの留意点があります。まず第一に，欧米など本邦とは異なる文化圏で開発された手法が多いのですが，感情認知の異文化間での差異は症状を統制しても認められていること (Brekke et al., 2005) から，手法の実施には感情表現やコミュニケーションの機微における文化的差異について配慮する必要があることです。第二に，同様に文化的差異を反映した社会認知尺度の開発が求められることです。たとえば西洋人ではなく，日本人を用いた表情写真や社会状況場面の動画の開発や，国内の文化的設定や言語表現を適切に反映した原因帰属や心の理論課題尺度が求められるでしょう。第三に，他の慢性精神疾患を対象とした心理社会的手法と同様，社会認知機能の障害を標的とする手法は，単体ではなく包括的リハビリテーション内に位置づけて実施す

ることが機能的転帰の改善を得るために推奨されることです。SCITのような社会認知を標的とした介入法をいかに他の介入法と組み合わせて実施するかは，今後の検討課題といえます。

参考文献
- Aakre, J.M., Seghers, J.P. & St-Hilaire, A., et al. 2009. *Attributional style in delusional patients: A comparison of remitted paranoid, remitted nonparanoid, and current paranoid patients with nonpsychiatric controls.* Schizophr Bull **35**, 994-1002.
- Baron-Cohen, S., Wheelwright, S. & Hill, J., et al. 2001. *The "reading the mind in the eyes" test revised version: a study with normal adults, and adults with Asperger syndrome or high-functioning autism.* J Child Psychol Psychiatry, **42**, 241-251.
- Bellack, A.S., Blanchard, J.J., Mueser, K.T. 1996. *Cue availability and affect perception in schizophrenia.* Schizophr Bull, **22**, 535-544.
- Bentall, R.P., Corcoran, R. & Howard, R. et al 2001. *Persecutory delusions: A review and theoretical interpretation.* Clin Psychol Rev, **21**, 1143-1192.
- Bora, E. Yucel, M. & Pantelis, C. 2009. *Theory of mind impairment in schizophrenia: meta-analysis.* Schizophr Res, 109, 1-9.
- Bora, E., Eryavuz, A. & Kayahan, B., et al. 2006. *Social functioning, theory of mind and neurocognition in outpatients with schizophrenia; mental state decoding may be a better predictor of social functioning than mental state reasoning.* Psychiatr Res, **145**, 95-103.
- Broome, M., Johns, L., Woolley, J. et al. 2004. *The data-gathering bias in the at-risk mental state (ARMS) for psychosis.* Schizophr Res, **70**, 100-101.
- Brothers, L. 1990. *The neural basis of primate social communication.* Motivation and Emotion, **14**, 81-91.
- Brüne, M. & Bodenstein, L. 2005. *Proverb comprehension reconsidered-theory of mind and the pragmatic use of language in schizophrenia.* Schizophr Res, **75**, 233-239.
- Combs, D.R., Penn, D.L. & Wicher, M., et al. 2007. *The Ambiguous Intentions Hostility Questionnaire (AIHQ): A new measure for evaluating hostile social-cognitive biases in paranoia.* Cognitive Neuropsychiatry, **12**, 128-143.
- Combs, D.R., Adams, S.D. & Penn, D.L., et al. 2007. *Social Cognition and Interaction Training (SCIT) for inpatients with schizophrenia spectrum disorders: Preliminary findings.* Schizophr Res, **91**, 112-116.
- Ekman, P. & Friesen, W.V. 1978. *Manual of the Facial Action Coding System (FACS).* Palo Alto, Calif: Consulting Psychologists Press.
- Freeman, D. 2007. *Suspicious minds: The psychology of persecutory delusions.* Clin Psychol Rev, **27**, 425-457.
- Freeman, D., Garety, P.A., Kuipers, E., et al. 2006. *Delusions and decision-making*

style: *Use of the Need for Closure Scale*. Behav Res and Ther, **44**, 1147-1158.
Frith, C.D. 2004. *Schizophrenia and theory of mind*. Psychol Med, **34**, 385-389.
Frith, C.D. Corcoran, R. 1996. *Exploring 'theory of mind' in people with schizophrenia*. Psychol Med, **26**, 521-530.
Garety, P.A., Freeman, D. & Jolley, S., et al. 2005. *Reasoning, emotions and delusional conviction in psychosis*. J Abnorm Psychol, **114**, 373-384.
Green, M.J. & Phillips, M.L. 2004. *Social threat perception and the evolution of paranoia*. Neurosci Biobehav Rev, **28**, 333-342.
Harvey, P.D. 2009. Penn, D. *Social cognition: The key factor predicting social outcome in people with schizophrenia?* Psychiatry, **7**, 41-44.
Hofer, A., Benecke, C. & Edlinger, M., et al. 2009. *Facial emotion recognition and its relationship to symptomatic, subjective, and functional outcomes in outpatients with chronic schizophrenia.* Eur Psychiatry, **24**, 27-32.
Janssen, I., Krabbendam, L. & Jolles, J., et al. 2003. *Alternations in theory of mind in patients with schizophrenia and non-psychotic relatives*. Acta Psychiatr Scand, **108**, 110-117.
John, C.H. & Dodgson, G. 1994. *Inductive reasoning in delusional thought*. Journal of Mental Health, **3**, 31-49.
Kayser, N., Sarfati, Y. & Besche, C., et al. 2006. *Elaboration of a rehabilitation method based on a pathogenetic hypothesis of 'theory of mind' impairment in schizophrenia*. Neuropsychol Rehabil, **16**, 83-95.
Kerr, S.L., Neale, J.M. 1993. *Emotion perception in schizophrenia: Specific deficit or further evidence of generalized poor performance?* J Abnormal Psychol, **102**, 312-318.
Kinderman, P. & Bentall, R.P. 1996. *A new measure of causal locus: the internal, personal and situational attributions questionnaire*. Pers Individ Dif, **20**, 261-264.
Kohler, C.G., Walker, J.B. & Martin, E.A., et al. 2009. *Facial emotion perception in schizophrenia: A meta-analytic review*. Schizophr Bull, doi: 10.1093/schbul/sbn192.
Langdon, R., Ward, P.B. & Coltheart, M. 2010. *Reasoning anomalies associated with delusions in schizophrenia*. Schizophr Bull, **36**, 321-33-.
Leonard, C. & Corrigan, P.W. 2001. *Social perception in schizophrenia*. In Social cognition and schizophrenia (pp.73-96) .
Menon, M., Pomarol-Clotet, E. & McKenna, P., et al. 2006. *Probabilistic reasoning in schizophrenia: Comparison of deluded and non-deluded schizophrenics and an exploration of possible cognitive underpinnings*. Cogn. Neuropsychiatry, **11**, 521-536.
Moritz, S., Woodward, T.S. & Lambert, M. 2007. *Under what circumstances do patients with schizophrenia jump to conclusions? A liberal acceptance account*. B J Clin Psychol, **46**, 127-137.
Muller, D.R. & Roder, V. 2010. *Integrated Psychological Therapy and Integrated*

Neurocognitive Therapy. In Roder V, Medalia A (Eds.), Neurocognition and social cognition in schizophrenia patients. Basic concepts and treatment. Key Issues Ment Health. Basel, Kager, **177**, 118-114.

Penn, D.L., Sanna, L.J. & Roberts, D.L. 2008. *Social cognition in schizophrenia: An overview.* Schizophr Bull, 34, 408-411.

Penn, D.L., Keefe, R.S.E. & Davis, S.M., *et al.* 2009. *The effects of antipsychotic medications on emotion perceptionin patients with chronic schizophrenia in the CATIE trial.* Schizophr Res, doi: 10.1016/j.schres. 2009.08.016.

Penn, D.L., Roberts, D.L. & Munt, E.D., *et al.* 2005. *A pilot study of social cognition and interaction training (SCIT) for schizophrenia.* Schizophr Res, **80**, 357-359.

Peters, E. & Garety, P. 2006. *Cognitive functioning in delusions: A longitudinal analyses.* Behav Res and Ther, **44**, 481-514.

Peterson, C., Semmel, A., von Baeyer, C., Abramson, L., Metalsky, G.I. & Seligman, M.E.P. 1982. *The Attributional Style Questionnaire.* Cognit Ther Res, **3**, 287-300.

Roberts, D.L., Penn, D.L. & Labate, D., *et al.* 2010. *Transportability and feasibility of Social Cognition and Interaction Training (SCIT) in community settings.* Behavioural and Cognitive Psychotherapy, **38**, 35-47.

Russell, T.A., Chu, E. & Phillips, M.L. 2006. *A pilot study to investigate the effectiveness of emotion recognition remediation in schizophrenia using the micro-expression training tool.* Br J Clin Psychol, **45**, 579-583.

Stratton, P., Munton, A.G., Hanks, H., Heard, D.H. & Davidson, C. 1988. *Leeds Attributional Coding System.* Leeds, UK: Leeds Family Therapy Research Centre.

Sarfati, Y., Passerieux, C. & Hardy-Bayle, M. 2000. *Can verbalization remedy the theory of mind deficit in schizophrenia?* Psychopathology, **33**, 246-251.

Silver, H., Goodman, C. & Knoll, G., *et al.* 2004. *Brief emotion training improves recognition of facial emotions in chronic schirophrenia: a pilot study.* Psychiatry Res, **128**, 147-154.

Note
こころの障害（精神的な病気）とシグナルを発するヒトを助ける人間関係

　人間関係においてみられる障害や異常とよばれるものとは，何でしょうか？ この本では，人間関係にまつわるコミュニケーションの障害や異常の説明を試みるのが目的ですので，こころの障害，すなわち，精神的障害やその異常に焦点をあてて説明します。当然，（目や耳が不自由であるなどの一般的な）身体的障害が原因でコミュニケーションの機能不全や問題がみられる場合も存在しますが，それはこの本の目的から離れますので今回は取り上げません。

　そもそも，こころの障害とはどういうものでしょうか？ 一般な診断マニュアル（DSM-IV）などでは，「平均的なヒト」が通常とるものと異なっている逸脱した行動をとったり，ヒトがそれらの行動をすることで苦痛になり，通常の生活を過ごしにくいことが，こころの障害とされているようです。
　つまり，こころの障害とは，ヒトのこころというメカニズムがうまく機能しない状態で，人間関係を上手にとる行動が困難であると考えられます。

　一方，進化という観点からは，生物は「自然選択」とよばれる仕組みによって，次世代に向かって上手に生存や生殖できるように「かたち」を変えてきたようです。もう少し正確に言うと，突然変異により，置かれた環境での生存や生殖がより上手な（適応的な）個体のみが，現在の「（からだの）かたち」となって生き残ってきたと考えられます。それは，生物が望んだり努力をしたりして現在の「かたち」をもったのではなく，個体が置かれた環境で引き起こった突然変異などで，ほんの偶然がもたらしたものなのです。
　生物がそれぞれの「（からだの）かたち」である身体を進化させてきたのと同様に，こころもこのような進化のプロセスを経て「かたち」を変化させてきたと現代の進化心理学者は考えています。したがって，こころの障害とは，本

来は上手に機能するはずの「(こころの) かたち」メカニズムが，置かれた環境では上手に働かなくなった状態だということになります。

　このように考えると，精神的疾患，たとえばうつ病などは何らかの原因で，(本来，上手に働くように作られているはずの) 脳のメカニズムが十分に働かないということで，結果的にその機能不全の状態は，「うつ気分」「意欲低下」「倦怠感」などの行動障害や身体症状として表面化します。これにより，本人自身はもとより，まわりのヒトが「病気」と気がつく状態になります。本章で取り上げた統合失調症といった精神疾患もこれに類していますが，冒頭で紹介したように，脳というハードウェアがうまく機能しなくなっているようなものかもしれませんね。そして，ソフトウェアとしてのこころが，機能不全の状態の結果，効率的な人間関係行動を作りにくくなっていると推測できます。

　しかしながら，われわれヒトは，「他人が苦しんでいるときに何もせずに放っておくのは困難」と考えるように，こころのメカニズムを進化させてきています。つまり，機能不全状態にあって「病気」というシグナルを発しているヒトを，まわりのヒトは放ってはおけないのです。
　その結果，その病気のヒトを助ける，大げさに言えば，そのヒトの「生存を保証する」ことになります。集団で生活をするヒトならではの，まわりのヒトを助けたり支えたりする人間関係のメカニズムなのです。とくに臨床心理学や精神医学の専門家たちは，精神的疾患を有することになったヒトが効率よく生活を送ることができるようにと，そのヒトのこころというソフトウェアを作り替えるように心理的支援したり，脳というハードウェアの機能を改善するために薬物を服用することをすすめたりしているのです。
　現在のところヒトは，パソコン一式を新規に購入する (つまり，脳を新しいものと取り替える) という作業は不可能です。しかし，パソコンの一部をアップグレードしたり，ソフトウェアをアップデートしたり，新たなソフトを新規購入したりはできます。ヒトとパソコン，たいへんよく似ているとは思われませんか？

人名索引

あ
アイゼンク　14
アダムズ　139
出馬圭世　138
ウィニコット　95
エインスワース　17
エリクソン　95
エルメン　106
オールポート　12
沖藤典子　105

か
カーン　103
キャッテル　14
ギャラハー　115
クレッチマー　12
ゴールドバーグ　14
コロローソ　18

さ
サリー　122
サンフェイ　143
ジェームス　20
シェルドン　11, 12
シャメイ=ツーリ　116
シンガー　118

た
ダンバー　134
チェス夫妻　17
トーマス　17
トマセロ　116
トリバース　110

な
ニューガーテン　103

は
バイラント　16
バルク　102
バルテス　104
バロン=コーエン　117
バンデューラ　21
樋口恵子　105
フェアー　141
フォーク　141
フランク　143
フリードマン　24
フロイト　20, 105
ヘイグ　109
ボウルビィ　94
ボームリンド　18

ま
マーシャ　20
増野潔　103
三船恒裕　136
ミルグラム　13

や
柳田國男　104
山田昌弘　98
ユング　12

ら
ラザラス　22
ローゼンマン　24
ローレンツ　92

事項索引

あ

愛他行動　44
愛着　17, 58
Eyes Test　155
アイデンティティ　20
アイデンティティ葛藤　21
アイデンティティ・クライシス　21
アイデンティティ障害　21
アスペルガー障害　117
アタッチメント　58
アタッチメントの生活史理論　77
アタッチメント行動　61
アダルト・アタッチメント・インタビュー　73
扱いにくい子　17
扱いやすい子　17
アルコール依存症　28
安全基地　63
移行対象物　95
依存性人格障害　27
委託的性格　29
一卵性双子（一卵性双生児）　17, 33
一妻多夫　90
一夫一妻　90
一夫多妻　90
遺伝子　33
遺伝型　13
意図理解　155
陰性症状　159
インセスト・タブー　105
インプリンティング　59, 92
うつ（病）　101, 151, 167
姥棄て山　104
AAI　73
SCIT　157
エディプス・コンプレックス　105
演技性人格障害　27
エントレイメント　93
親子心中　100
親の投資　92

か

介護　101
外向性　14
外胚葉　12
回避性人格障害　27
開放性　14
カウンセリング　14
家族危機　101
家族の定義　83
可塑性仮説　16
空の巣症候群　101
寛解期　155
感覚間の協応　94
観察学習　96
観察学習理論　29
感情知覚　150
感情の鈍麻　159
感情の平板化　155
間接互恵性　133
機械の作用モデル　14
気質　16, 69
機能的磁気共鳴画像法　115
気分障害　150
基本的感情　151
基本的傾性　13
虐待　26
9カ月革命　43
急性期　155
共感　44, 111
共感性　26, 112
境界性人格障害　26
強迫性人格障害　28
くらげ家族　18
血縁淘汰説　133
結晶性知能　103
欠乏欲求　52
原因帰属バイアス　152
原因帰属様式　150
恋人関係　108
公正感　131
行動遺伝学　33

行動障害　167
行動モデル　23
幸福感　102
衡平理論　139
コーピング　22
刻印づけ　59
互恵性　141
互恵的愛他性　44
互恵的利他主義　133
こころの障害　166
心の理論　41, 112
個人的傾性　13
誤信念課題　113, 155
個性化　94
子どもの虐待　99
子どもの権利　100
子別れ　95
婚外子　91
婚活　98
コンボイ　102

さ
最後通告ゲーム　139
サイコパス　121
最小条件集団パラダイム　136
作用論　13
サリー＝アン課題　115
三項関係　43
自我同一性　20
自我統制　14
「時間的」特異性　87
時間のかかる子　17
視空間認識　151
自己　36
自己愛性人格障害　27
自己概念　20
自己鏡映像　38
自己効力感　21
自己実現　95
自己像認知　38
自己防衛の帰属　156
自尊感情　21
しっくい仮説　16
自閉症　117
社会化　94

社会状況推論　150
社会神経経済学　144
社会生物学　91
社会的自己　20
社会的知識　150
社会的ネットワークモデル　102
社会的引きこもり　155
社会的微笑（新生児微笑）　43
社会認知機能障害　150
社会認知の介入法　157
社会反応モデル理論　30
集団療法　158
熟年離婚　103
出生順位　110
順次付き囚人のジレンマゲーム　119
状況論　13
少子化　98
上側頭溝　115
情緒的に距離をおいている養育タイプ　19
情緒的に巻き込まれている養育タイプ　19
情動的な心の理論　116
シングル　84
神経症傾向　14
新生児反射　93
新生児微笑（社会的微笑）　94
新生児模倣　40
診断マニュアル（DSM-IV）　166
信念一欲求心理学　117
心理的支援　167
ストレンジ・シチュエーション法　63
生活リズム　94
誠実性　14
生殖戦略　89
精神的自己　20
精神的障害　166
精神病質　121
生存戦略　89
生態学的妥当性　154
生態学的アプローチ　71
成長欲求　52
生得的プログラム　92
世代間伝達　73, 99
摂食障害　28
背骨がある家族　18
セロトニンレベル　26

専業主婦　98
前帯状回　118
相互作用モデル　14
側坐核　120
側頭極　115
側頭頭頂接合部　115

た
第三者罰ゲーム　148
タイプA　23
タイプC　24
タイプD　24
タイプB　24
断乳　109
知覚—目標心理学　117
中心的傾性　13
中胚葉　12
超特性　14
調和性　14
治療動機づけ　159
DV　100
DSM-IV　24
強い互恵性　147
定年退職　101
DINKS　85
適度なかかわりをもつ養育タイプ　19
動機づけ　45
統合失調症　150
投資要求戦略　92
島皮質前部　118
独裁者ゲーム　135
特性論　12
突然変異　166
トランザクショナルモデル　20

な
内向的性格　29
内側前頭前皮質　115
内的作業モデル　72
内胚葉　12
ニート　21
二項関係　43
二次的動因説　58
ニューヨーク縦断研究　17
二卵性双子　17

認知機能リハビリテーション　157
認知行動療法　158
認知的な心の理論　116
ネグレクト　27

は
パートナー選び　95
バイオロジカルモーション　41
配偶者選択　96
発達課題　94
反社会性人格障害　26
反社会的行動　26
繁殖の成功　109
被害妄想　152
ビッグ3　14
ビッグ5　14
ひとり親家庭　84, 85
病因論モデル　23
表現型　13
評定者間信頼性　154
ヒント課題　155
不安検査　14
不安障害　28
腹側線条体　138
腹内側前頭前皮質　116
含み資産　105
不公平回避　141
物質的自己　20
不倫関係　91
分裂病型人格障害　26
分裂病質人格障害　25
ベビースキーム　61
包括的適応度　44
包括的リハビリテーション　162
母子心中　99
ポジトロン断層法　115

ま
マークテスト　38
マイクロシステム　71
マインド・ブラインドネス仮説　117
マクロシステム　71
マッチング　18
継子殺し　101
未婚化　98

ミラーニューロン 39
目から心を読むテスト 117
メゾシステム 71
メタ認知 162
免疫システム 109
メンタライゼーション 154
妄想性人格障害 25
モーフィング表情刺激 160
模倣 40
モラトリアム 21

や
薬物療法 150
養育投資 90, 91, 110
陽性症状 159
抑うつ 28

欲求階層説 52

ら
ライフコース 86
ラポール 159
乱婚 86
利他性 131
利他的行動 111
離乳 109
類型論 11
ルージュテスト 38
れんが壁家族 18
老親介護 104
労働力の再生産 85
ローカス・オブ・コントロール 15, 47

監修者

亀島　信也（かめしま　しんや）
米国 ウィスコンシン大学マディソン校 大学院 博士課程修了（Ph.D.）
現在，関西福祉科学大学 大学院社会福祉学研究科 教授　学術博士（人間発達学）

執筆者〈執筆順，（　）は執筆担当箇所〉

最上　多美子（もがみ　たみこ）
米国 ニューヨーク大学 大学院 博士課程修了（Ph.D.）
現在，鳥取大学 大学院医学系研究科臨床心理学 教授　学術博士（カウンセリング心理学）（1・7章）

西元　直美（にしもと　なおみ）
武庫川女子大学 大学院臨床教育学研究科 博士課程修了
現在，関西福祉科学大学 准教授　博士（臨床教育学）（2・3章）

亀島　信也（かめしま　しんや）
監修者　（4章）

高岸　治人（たかぎし　はると）
北海道大学 大学院文学研究科 博士課程修了
現在，玉川大学 脳科学研究所 助教　博士（文学）（5・6章）

中込　和幸（なかごめ　かずゆき）
東京大学医学部 大学院
現在，国立研究開発法人国立精神・神経医療研究センター　医学博士　（7章）

進化とこころの科学で学ぶ 人間関係の心理学

2011年 6月20日　初版第1刷発行
2017年 2月10日　　　第3刷発行

監修者　　亀島 信也
発行者　　石井 昭男
発行所　　福村出版株式会社

〒113-0034　東京都文京区湯島 2-14-11
電話　03-5812-9702　FAX　03-5812-9705
http://www.fukumura.co.jp

印刷　株式会社文化カラー印刷
製本　協栄製本株式会社

©Shinya Kameshima　2011
Printed in Japan
ISBN978-4-571-20078-6
乱丁本・落丁本はお取替え致します。
定価はカバーに表示してあります。

福村出版◆好評図書

M.G.フローリー＝オーディ・J.E.サーナット 著／最上多美子・亀島信也 監訳
新しいスーパービジョン関係
●パラレルプロセスの魔力

◎4,000円　ISBN978-4-571-24043-0　C3011

どう取り組むかで、心理療法が大きく変わるスーパービジョンを、受ける側と行う側の双方の立場から徹底解説。

杉野欽吾・亀島信也・安藤明人・小牧一裕・川端啓之 著
人間関係を学ぶ心理学

◎2,000円　ISBN978-4-571-20064-9　C3011

人格・動機づけ、発達、社会、障害や臨床に重点をおき、人間関係の形成や発展を習得できるように留意した。

小山 望 編著
人間関係がよくわかる心理学

◎2,200円　ISBN978-4-571-20073-1　C3011

科学的学問としての心理学に基づき、トピック、キーワードをもとにやさしく解説した人間関係の心理学書。

広重佳治 著
心 理 学 入 門
●キーワードで読むこころのモデル

◎1,700円　ISBN978-4-571-20077-9　C3011

現代心理学の代表的モデルをキーワードから簡潔な記述と図で解説。巻末には復習問題60問と解答付き。

藤田主一・板垣文彦 編
新しい心理学ゼミナール
●基礎から応用まで

◎2,200円　ISBN978-4-571-20072-4　C3011

初めて「心理学」を学ぶ人のための入門書。教養心理学としての基礎的事項から心理学全般の応用までを網羅。

櫻井茂男・大川一郎 編著
しっかり学べる発達心理学
〔改訂版〕

◎2,600円　ISBN978-4-571-23046-2　C3011

基礎的な知識と新しい研究成果を紹介しつつ、学びやすさと本格派を追求。新しい情報をふんだんに盛り込み改訂。

川島一夫・渡辺弥生 編著
図で理解する 発 達
●新しい発達心理学への招待

◎2,300円　ISBN978-4-571-23049-3　C3011

胎児期から中高年期までの発達について、基本から最新情報までを潤沢な図でビジュアル的に解説した1冊。

◎価格は本体価格です。